Di fuor dorate son, sì ch'elli abbaglia;
ma dentro tutte piombo, e gravi tanto,
che Federigo le mettea di paglia.

Dante - Inferno, canto XXIII

I CODICI ADC

- LA COSTITUZIONE
- CODICE ANTIMAFIA
- CODICE DELLA CRISI D'IMPRESA
- CODICE CIVILE
- CODICE PENALE
- I REATI TRIBUTARI

DECRETO LEGISLATIVO 6 settembre 2011, n. 159

Codice delle leggi antimafia e delle misure di prevenzione, nonché nuove disposizioni in materia di documentazione antimafia, a norma degli articoli 1 e 2 della legge 13 agosto 2010, n. 136.

(Pubblicato nella Gazz. Uff. 28 settembre 2011, n. 226,
S.O.)

IL PRESIDENTE DELLA REPUBBLICA

Visti gli articoli 76 e 87, quinto comma, della Costituzione;

Visti gli articoli 1 e 2 della legge 13 agosto 2010, n. 136, recante piano straordinario contro le mafie, nonché delega al Governo in materia di normativa antimafia;

Ritenuto di procedere all'esercizio di entrambe le deleghe con un unico decreto legislativo; Vista la preliminare deliberazione del Consiglio dei Ministri, adottata nella riunione del 9 giugno 2011; Acquisiti i pareri delle competenti Commissioni della Camera dei deputati e del Senato della Repubblica; Vista la deliberazione del Consiglio dei Ministri, adottata nella riunione del 3 agosto 2011; Sulla proposta del Ministro della giustizia e del Ministro dell'interno, di concerto con il Ministro dell'economia e delle finanze e con il Ministro per la pubblica amministrazione e l'innovazione;

Emana
il seguente decreto legislativo:

LIBRO I - LE MISURE DI PREVENZIONE

Titolo I - Le misure di prevenzione personali

Capo I - Le misure di prevenzione personali applicate dal questore

Art. 1. Soggetti destinatari

1. I provvedimenti previsti dal presente capo si applicano a:

a)   coloro che debbano ritenersi, sulla base di elementi di fatto, abitualmente dediti a traffici delittuosi;

b)   coloro che per la condotta ed il tenore di vita debba ritenersi, sulla base di elementi di fatto, che vivono abitualmente, anche in parte, con i proventi di attività delittuose; ([1])

c)   coloro che per il loro comportamento debba ritenersi, sulla base di elementi di fatto, comprese le reiterate violazioni del foglio di via obbligatorio di cui all'articolo 2, nonché dei divieti di frequentazione di determinati luoghi previsti dalla vigente normativa, che sono dediti alla commissione di reati che offendono o mettono in pericolo l'integrità fisica o morale dei minorenni, la sanità, la sicurezza o la tranquillità pubblica (¹).

(1) Lettera così modificata dall' art. 15, comma 1, lett. a), D.L. 20 febbraio 2017, n. 14, convertito, con modificazioni, dalla L. 18 aprile 2017, n. 48.

Art. 2. Foglio di via obbligatorio

1. Qualora le persone indicate nell'articolo 1 siano pericolose per la sicurezza pubblica e si trovino fuori dei luoghi di residenza, il questore può rimandarvele con provvedimento motivato e con foglio di via obbligatorio, inibendo loro di ritornare, senza preventiva autorizzazione ovvero per un periodo non superiore a tre anni, nel comune dal quale sono allontanate.

Art. 3. Avviso orale

1. Il questore nella cui provincia la persona dimora può avvisare oralmente i soggetti di cui all'articolo 1 che esistono indizi a loro carico, indicando i motivi che li giustificano.
2. Il questore invita la persona a tenere una condotta conforme alla legge e redige il processo verbale dell'avviso al solo fine di dare allo stesso data certa.
3. La persona alla quale è stato fatto l'avviso può in qualsiasi momento chiederne la revoca al questore che provvede nei sessanta giorni successivi. Decorso detto termine senza che il questore abbia provveduto, la richiesta si intende accettata. Entro sessanta giorni dalla comunicazione del provvedimento di rigetto è ammesso ricorso gerarchico al prefetto.

4. Con l'avviso orale il questore, quando ricorrono le condizioni di cui al comma 3, può imporre alle persone che risultino definitivamente condannate per delitti non colposi il divieto di possedere o utilizzare, in tutto o in parte, qualsiasi apparato di comunicazione radiotrasmittente, radar e visori notturni, indumenti e accessori per la protezione balistica individuale, mezzi di trasporto blindati o modificati al fine di aumentarne la potenza o la capacità offensiva, ovvero comunque predisposti al fine di sottrarsi ai controlli di polizia, armi a modesta capacità offensiva, riproduzioni di armi di qualsiasi tipo, compresi i giocattoli riproducenti armi, altre armi o strumenti, in libera vendita, in grado di nebulizzare liquidi o miscele irritanti non idonei ad arrecare offesa alle persone, prodotti pirotecnici di qualsiasi tipo, nonché sostanze infiammabili e altri mezzi comunque idonei a provocare lo sprigionarsi delle fiamme, nonché programmi informatici ed altri strumenti di cifratura o crittazione di conversazioni e messaggi.

5. Il questore può, altresì, imporre il divieto di cui al comma 4 ai soggetti sottoposti alla misura della sorveglianza speciale, quando la persona risulti definitivamente condannata per delitto non colposo.

6. Il divieto di cui ai commi 4 e 5 è opponibile davanti al tribunale in composizione monocratica.

Capo II - Le misure di prevenzione personali applicate dall'autorità giudiziaria

Sezione I - Il procedimento applicativo

Art. 4 Soggetti destinatari

1. I provvedimenti previsti dal presente capo si applicano:

a) agli indiziati di appartenere alle associazioni di cui all'articolo 416-bis c.p.;

b) ai soggetti indiziati di uno dei reati previsti dall'articolo 51, comma 3-bis, del codice di procedura penale ovvero del delitto di cui all'articolo 12quinquies, comma 1, del decreto-legge 8 giugno 1992, n. 306, convertito, con modificazioni, dalla legge 7 agosto 1992, n. 356, o del delitto di cui all'articolo 418 del codice penale; (³)

c) ai soggetti di cui all'articolo 1; (⁶)

d) agli indiziati di uno dei reati previsti dall'articolo 51, comma 3-quater, del codice di procedura penale e a coloro che, operanti in gruppi o isolatamente, pongano in essere atti preparatori, obiettivamente rilevanti, ovvero esecutivi diretti a sovvertire l'ordinamento dello Stato, con la commissione di uno dei reati previsti dal capo I del titolo VI del libro II del codice penale o dagli articoli 284, 285, 286, 306, 438, 439, 605 e 630 dello stesso codice, nonché alla commissione dei reati con finalità di terrorismo anche internazionale ovvero a prendere parte ad un conflitto in territorio estero a sostegno di un'organizzazione che persegue le finalità terroristiche di cui all'articolo 270sexies del codice penale; (²)

e) a coloro che abbiano fatto parte di associazioni politiche disciolte ai sensi della legge 20 giugno 1952, n. 645, e nei confronti dei quali debba ritenersi, per il comportamento successivo, che continuino a svolgere una attività analoga a quella precedente;

f) a coloro che compiano atti preparatori, obiettivamente rilevanti, ovvero esecutivi diretti alla ricostituzione del partito fascista ai sensi dell'articolo 1 della legge n. 645 del 1952, in particolare con l'esaltazione o la pratica della violenza; (⁴)

g) fuori dei casi indicati nelle lettere d), e) ed f), siano stati condannati per uno dei delitti previsti nella legge 2 ottobre 1967, n. 895, e negli articoli 8 e seguenti della legge 14 ottobre 1974, n. 497, e successive modificazioni, quando debba ritenersi, per il loro comportamento successivo, che siano proclivi a commettere un reato della stessa specie col fine indicato alla lettera d);

h) agli istigatori, ai mandanti e ai finanziatori dei reati indicati nelle lettere precedenti. È finanziatore colui il quale fornisce somme di denaro o altri beni, conoscendo lo scopo cui sono destinati;

i) alle persone indiziate di avere agevolato gruppi o persone che hanno preso parte attiva, in più occasioni, alle manifestazioni di violenza di cui all'articolo 6 della legge 13 dicembre 1989, n. 401, nonché alle persone che, per il loro comportamento, debba ritenersi, anche sulla base della partecipazione in più occasioni alle medesime manifestazioni, ovvero della reiterata applicazione nei loro confronti del divieto previsto dallo stesso articolo, che sono dediti alla commissione di reati che mettono in pericolo l'ordine e la sicurezza pubblica, ovvero l'incolumità delle persone in occasione o a causa dello svolgimento di manifestazioni sportive; (1) i-bis) ai soggetti indiziati del delitto di cui all'articolo 640-bis o del delitto di cui all'articolo 416 del codice penale, finalizzato alla commissione di taluno dei delitti di cui agli articoli 314, primo comma, 316, 316bis, 316-ter, 317, 318, 319, 319-ter, 319-quater, 320, 321, 322 e 322-bis del medesimo codice; (5) i-ter) ai soggetti indiziati dei delitti di cui agli

articoli 572 e 612-bis del codice penale (5).

(1)   Comma così modificato dall'art. 4, comma 2, D.L. 22 agosto 2014, n. 119, convertito, con modificazioni, dalla L. 17 ottobre 2014, n. 146.
(2)   Lettera modificata dall' art. 4, comma 1, lett. a), D.L. 18 febbraio 2015, n. 7, convertito, con modificazioni, dalla L. 17 aprile 2015, n.
43. Successivamente, la presente lettera è stata così sostituita dall' art. 1, comma 1, lett. b), L. 17 ottobre 2017, n. 161.
(3)   Lettera così modificata dall' art. 1, comma 1, lett. a), L. 17 ottobre 2017, n. 161.
(4)   Lettera così modificata dall' art. 1, comma 1, lett. c), L. 17 ottobre 2017, n. 161.
(5)   Lettera aggiunta dall' art. 1, comma 1, lett. d), L. 17 ottobre 2017, n. 161; successivamente, la presente lettera è stata così modificata dall' art. 9, comma 4, L. 19 luglio 2019, n. 69. (6) La Corte costituzionale, con sentenza 24 gennaio-27 febbraio 2019, n. 24 ha dichiarato, tra l'altro, l'illegittimità costituzionale della presente lettera, nella parte in cui stabilisce che i provvedimenti previsti dal capo II si applichino anche ai soggetti indicati nell'art. 1, lettera a).

Art. 5. Titolarità della proposta. Competenza 1. Nei confronti delle persone indicate all'articolo 4 possono essere proposte dal questore, dal procuratore nazionale antimafia e antiterrorismo, dal procuratore della Repubblica presso il tribunale del capoluogo di distretto ove dimora la persona e dal direttore della Direzione investigativa antimafia le misure di prevenzione della sorveglianza speciale di pubblica sicurezza e dell'obbligo di soggiorno nel comune di residenza o di dimora abituale. (1)

2.   Nei casi previsti dall'articolo 4, comma 1, lettere c), i), i-bis) e i-ter), le funzioni e le competenze spettanti al procuratore della Repubblica presso il tribunale del capoluogo del distretto sono attribuite anche al procuratore della Repubblica presso il tribunale nel cui circondario dimora la persona previo coordinamento con il procuratore della Repubblica presso il tribunale del capoluogo del distretto; nei medesimi casi, nelle udienze relative ai procedimenti per l'applicazione delle misure di prevenzione le funzioni di pubblico ministero possono essere esercitate anche dal procuratore della Repubblica presso il tribunale competente. ([2])

3.   Salvo quanto previsto al comma 2, nelle udienze relative ai procedimenti per l'applicazione delle misure di prevenzione richieste ai sensi del presente decreto, le funzioni di pubblico ministero sono esercitate dal procuratore della Repubblica di cui al comma 1.

4.   La proposta di cui al comma 1 deve essere depositata presso la cancelleria delle sezioni o dei collegi del tribunale del capoluogo del distretto, nel territorio del quale la persona dimora, previsti dal comma 2-sexies dell'articolo 7-bis dell'ordinamento giudiziario, di cui al regio decreto 30 gennaio 1941, n. 12. Limitatamente ai tribunali di Trapani e Santa Maria Capua Vetere, la proposta di cui al comma 1 è depositata presso la cancelleria delle sezioni o dei collegi specializzati in materia di misure di prevenzione ivi istituiti ai sensi del citato comma 2-sexies, ove la persona dimori nel territorio, rispettivamente, delle province di Trapani e di Caserta. ([3])

(1)   Nel presente provvedimento le parole «procuratore nazionale antimafia» sono state sostituite dalle seguenti: «procuratore nazionale antimafia e antiterrorismo», ai sensi di quanto disposto dall' art. 20, comma 4, D.L. 18 febbraio 2015, n. 7, convertito, con modificazioni, dalla L. 17 aprile 2015, n. 43.
(2)   Comma così modificato dall' art. 2, comma 1, lett. a), L. 17 ottobre 2017, n. 161.
(3)   Comma così sostituito dall' art. 2, comma 1, lett. b), L. 17 ottobre 2017, n. 161 e e, successivamente, così modificato dall' art. 1, comma 458, L. 27 dicembre 2017, n. 205.

Art. 6. Tipologia delle misure e loro presupposti 1.   Alle persone indicate nell'articolo 4, quando siano pericolose per la sicurezza pubblica, può essere applicata, nei modi stabiliti negli articoli seguenti, la misura di prevenzione della sorveglianza speciale di pubblica sicurezza.

2.   Salvi i casi di cui all'articolo 4, comma 1, lettere a) e b), alla sorveglianza speciale può essere aggiunto, ove le circostanze del caso lo richiedano, il divieto di soggiorno in uno o più comuni, diversi da quelli di residenza o di dimora abituale, o in una o più regioni. ([2])

3.   Nei casi in cui le altre misure di prevenzione non sono ritenute idonee

alla tutela della sicurezza pubblica può essere imposto l'obbligo di soggiorno nel comune di residenza o di dimora abituale.

3-bis. Ai fini della tutela della sicurezza pubblica, gli obblighi e le prescrizioni inerenti alla sorveglianza speciale possono essere disposti, con il consenso dell'interessato ed accertata la disponibilità dei relativi dispositivi, anche con le modalità di controllo previste all'articolo 275-bis del codice di procedura penale. (^{1})

(1) Comma aggiunto dall' art. 15, comma 1, lett. b), D.L. 20 febbraio 2017, n. 14, convertito, con modificazioni, dalla L. 18 aprile 2017, n. 48.
(2) Comma così sostituito dall' art. 2, comma 2, L. 17 ottobre 2017,
n. 161.

Art. 7. Procedimento applicativo

1. Il tribunale provvede, con decreto motivato, entro trenta giorni dal deposito della proposta. L'udienza si svolge senza la presenza del pubblico. Il presidente dispone che il procedimento si svolga in pubblica udienza quando l'interessato ne faccia richiesta. (^{2}) 2. Il presidente fissa la data dell'udienza e ne fa dare avviso alle parti, alle altre persone interessate e ai difensori. L'avviso è comunicato o notificato almeno dieci giorni prima della data predetta e contiene la concisa esposizione dei contenuti della proposta. Se l'interessato è privo di difensore, l'avviso è dato a quello di ufficio. (^{3})

3. Fino a cinque giorni prima dell'udienza possono essere presentate memorie in cancelleria.

4. L'udienza si svolge con la partecipazione necessaria del difensore e del pubblico ministero. Gli altri destinatari dell'avviso sono sentiti se compaiono. Se l'interessato è detenuto o internato in luogo posto fuori della circoscrizione del giudice e ne fa tempestiva richiesta, la partecipazione all'udienza è assicurata a distanza mediante collegamento audiovisivo ai sensi dell'articolo 146-bis, commi 3, 4, 5, 6 e 7, delle norme di attuazione, di coordinamento e transitorie del codice di procedura penale, di cui al decreto legislativo 28 luglio 1989, n. 271, salvo che il collegio ritenga necessaria la presenza della parte. Il presidente dispone altresì la traduzione dell'interessato detenuto o internato in caso di indisponibilità di mezzi tecnici idonei. (^{4})

4-bis. Il tribunale, dopo l'accertamento della regolare costituzione delle parti, ammette le prove rilevanti, escludendo quelle vietate dalla legge o superflue. (^{5})

5. L'udienza è rinviata se sussiste un legittimo impedimento dell'interessato che ha chiesto di essere sentito personalmente e che non sia detenuto o internato in luogo diverso da quello in cui ha sede il giudice. L'udienza è rinviata anche se sussiste un legittimo impedimento del difensore. (^{6})

6. Ove l'interessato non intervenga e occorra la sua presenza per essere sentito, il presidente lo invita a comparire, avvisandolo che avrà la facoltà di non rispondere. ([7])

7. Le disposizioni dei commi 2, 4, primo, secondo e terzo periodo, e 5, sono previste a pena di nullità. 8. Qualora il tribunale debba sentire soggetti informati su fatti rilevanti per il procedimento, il presidente del collegio può disporre l'esame a distanza nei casi e nei modi indicati all'articolo 147-bis, comma 2, delle norme di attuazione, di coordinamento e transitorie del codice di procedura penale, di cui al decreto legislativo 28 luglio 1989, n. 271. ([1])

9. Per quanto non espressamente previsto dal presente decreto, si applicano, in quanto compatibili, le disposizioni contenute nell'articolo 666 del codice di procedura penale.

10. Le comunicazioni di cui al presente titolo possono essere effettuate con le modalità previste dal decreto legislativo 7 marzo 2005, n. 82.

10-bis. Le questioni concernenti la competenza per territorio devono essere rilevate o eccepite, a pena di decadenza, alla prima udienza e comunque subito dopo l'accertamento della regolare costituzione delle parti e il tribunale le decide immediatamente. ([8])

10-ter. Il tribunale, se ritiene la propria incompetenza, la dichiara con decreto e ordina la trasmissione degli atti al procuratore della Repubblica presso il tribunale competente; la declaratoria di incompetenza non produce l'inefficacia degli elementi già acquisiti. Le disposizioni del comma 10-bis si applicano anche qualora la proposta sia stata avanzata da soggetti non legittimati ai sensi dell'articolo 5. ([9])

10-quater. Quando il tribunale dispone ai sensi del comma 10-ter, il sequestro perde efficacia se, entro venti giorni dal deposito del provvedimento che pronuncia l'incompetenza, il tribunale competente non provvede ai sensi dell'articolo 20. Il termine previsto dall'articolo 24, comma 2, decorre nuovamente dalla data del decreto di sequestro emesso dal tribunale competente. ([8]) 10-quinquies. Il decreto di accoglimento, anche parziale, della proposta pone a carico del proposto il pagamento delle spese processuali. ([9])

10-sexies. Il decreto del tribunale è depositato in cancelleria entro quindici giorni dalla conclusione dell'udienza. ([9])

10-septies. Quando la stesura della motivazione è particolarmente complessa, il tribunale, se ritiene di non poter depositare il decreto nel termine previsto dal comma 10-sexies, dopo le conclusioni delle parti, può indicare un termine più lungo, comunque non superiore a novanta giorni. ([9])

10-octies. Al decreto del tribunale si applicano le disposizioni di cui all'articolo 154 delle norme di attuazione, di coordinamento e transitorie del codice di procedura penale, di cui al decreto legislativo 28

luglio 1989, n. 271. (⁹)

(1) Comma sostituito dall' art. 1, comma 80, L. 23 giugno 2017, n. 103, a decorrere dal 3 agosto 2017, ai sensi di quanto disposto dall' art. 1, comma 95, della medesima Legge n. 103/2017. Successivamente, il presente comma è stato così sostituito dall' art. 2, comma 3, lett. e), L. 17 ottobre 2017, n. 161.

(2) Comma così sostituito dall' art. 2, comma 3, lett. a), L. 17 ottobre 2017, n. 161.

(3) Comma così sostituito dall' art. 2, comma 3, lett. a), L. 17 ottobre 2017, n. 161.

(4) Comma così sostituito dall' art. 2, comma 3, lett. b), L. 17 ottobre 2017, n. 161, che ha sostituito l'originario comma 4 con gli attuali commi 4 e 4-bis.

(5) Comma inserito dall' art. 2, comma 3, lett. b), L. 17 ottobre 2017, n. 161, che ha sostituito l'originario comma 4 con gli attuali commi 4 e 4-bis.

(6) Comma così modificato dall' art. 2, comma 3, lett. c), L. 17 ottobre 2017, n. 161.

(7) Comma così sostituito dall' art. 2, comma 3, lett. d), L. 17 ottobre 2017, n. 161.

(8) Comma aggiunto dall' art. 2, comma 3, lett. f), L. 17 ottobre 2017, n. 161.

(9) Comma aggiunto dall' art. 2, comma 3, lett. f), L. 17 ottobre 2017, n. 161.

Art. 8.
Decisione

1.   Il provvedimento del tribunale stabilisce la durata della misura di prevenzione che non può essere inferiore ad un anno né superiore a cinque.

2.   Qualora il tribunale disponga l'applicazione di una delle misure di prevenzione di cui all'articolo 6, nel provvedimento sono determinate le prescrizioni che la persona sottoposta a tale misura deve osservare.

3.   A tale scopo, qualora la misura applicata sia quella della sorveglianza speciale di pubblica sicurezza e si tratti di persona indiziata di vivere con il provento di reati, il tribunale prescrive di darsi, entro un congruo termine, alla ricerca di un lavoro, di fissare la propria dimora, di farla conoscere nel termine stesso all'autorità di pubblica sicurezza e di non allontanarsene senza preventivo avviso all'autorità medesima.

4.   In ogni caso, prescrive di vivere onestamente, di rispettare le leggi, e di non allontanarsi dalla dimora senza preventivo avviso all'autorità locale di pubblica sicurezza; prescrive, altresì, di non associarsi abitualmente alle persone che hanno subito condanne e sono sottoposte a misure di prevenzione o di sicurezza, di non accedere agli esercizi pubblici e ai locali di pubblico trattenimento, anche in determinate fasce orarie, di non rincasare la sera più tardi e di non uscire la mattina più presto di una data ora e senza comprovata necessità e, comunque, senza averne data tempestiva notizia all'autorità locale di pubblica sicurezza, di non detenere e non portare armi, di non partecipare a pubbliche riunioni. (³)

5.   Inoltre, può imporre tutte le prescrizioni che ravvisi necessarie, avuto riguardo alle esigenze di difesa sociale, e, in particolare, il divieto di soggiorno in uno o più comuni o in una o più regioni,

ovvero, con riferimento ai soggetti di cui agli articoli 1, comma 1, lettera c), e 4, comma 1, lettera i-ter), il divieto di avvicinarsi a determinati luoghi, frequentati abitualmente dalle persone cui occorre prestare protezione o da minori. (1)

6. Qualora sia applicata la misura dell'obbligo di soggiorno nel comune di residenza o di dimora abituale o del divieto di soggiorno, può essere inoltre prescritto:

1) di non andare lontano dall'abitazione scelta senza preventivo avviso all'autorità preposta alla sorveglianza;

2) di presentarsi all'autorità di pubblica sicurezza preposta alla sorveglianza nei giorni indicati ed a ogni chiamata di essa.

7. Alle persone di cui al comma 6 è consegnata una carta di permanenza da portare con sé e da esibire ad ogni richiesta degli ufficiali ed agenti di pubblica sicurezza.

8. Il provvedimento è comunicato al procuratore della Repubblica, al procuratore generale presso la Corte di appello ed all'interessato e al suo difensore. (2)

(1) Comma modificato dall' art. 6, comma 1, L. 1° ottobre 2012, n. 172, poi dall' art. 2, comma 4, lett. a), L. 17 ottobre 2017, n. 161 e infine così modificato dall' art. 9, comma 5, L. 19 luglio 2019, n. 69. (2) Comma così modificato dall' art. 2, comma 4, lett. b), L. 17 ottobre 2017, n. 161.

(3) Comma così modificato dall' art. 21, comma 1-quater, D.L. 4 ottobre 2018, n. 113, convertito, con modificazioni, dalla L. 1° dicembre 2018, n. 132.

Art. 9. Provvedimenti d'urgenza

1. Se la proposta riguarda la misura della sorveglianza speciale con l'obbligo o il divieto di soggiorno, il presidente del tribunale, con decreto, nella pendenza del procedimento di cui all'articolo 7, può disporre il temporaneo ritiro del passaporto e la sospensione della validità ai fini dell'espatrio di ogni altro documento equipollente.

2. Nel caso in cui sussistano motivi di particolare gravità, può altresì disporre che alla persona denunciata sia imposto, in via provvisoria, l'obbligo o il divieto di soggiorno fino a quando non sia divenuta esecutiva la misura di prevenzione.

2-bis. Nei casi di necessità e urgenza, il Questore, all'atto della presentazione della proposta di applicazione delle misure di prevenzione della sorveglianza speciale e dell'obbligo di soggiorno nel comune di residenza o di dimora abituale nei confronti delle persone di cui all'articolo 4, comma 1, lettera d), può disporre il temporaneo ritiro del passaporto e la sospensione della validità ai fini dell'espatrio di ogni altro documento equipollente. Il temporaneo ritiro del passaporto e la sospensione della validità ai fini dell'espatrio di ogni altro documento equipollente sono comunicati immediatamente al procuratore della Repubblica presso il tribunale del capoluogo del distretto ove dimora la persona, il quale, se non ritiene di disporne la cessazione, ne richiede la convalida, entro quarantotto ore, al presidente del tribunale del capoluogo della provincia in cui la persona dimora che provvede nelle successive quarantotto ore con le modalità di cui al comma 1. Il ritiro del passaporto e la sospensione della validità ai fini dell'espatrio di ogni altro documento equipollente cessano di avere effetto se la convalida non interviene nelle novantasei ore successive alla loro adozione. (^{1})

(1) Comma aggiunto dall' art. 4, comma 1, lett. b), D.L. 18 febbraio 2015, n. 7, convertito, con modificazioni, dalla L. 17 aprile 2015, n. 43.

Sezione II - Le impugnazioni

Art. 10. Impugnazioni

1.   Il procuratore della Repubblica, il procuratore generale presso la corte di appello e l'interessato e il suo difensore hanno facoltà di proporre ricorso alla corte d'appello, anche per il merito. (^{1}) 1-bis.   Il procuratore della Repubblica, senza ritardo, trasmette il proprio fascicolo al procuratore generale presso la corte di appello competente per il giudizio di secondo grado. Al termine del procedimento di primo grado, il procuratore della Repubblica forma un fascicolo nel quale vengono raccolti tutti gli elementi investigativi e probatori eventualmente sopravvenuti dopo la decisione del tribunale. Gli atti inseriti nel predetto fascicolo sono portati immediatamente a conoscenza delle parti, mediante deposito nella segreteria del procuratore generale. (^{2})

2.   Il ricorso non ha effetto sospensivo e deve essere proposto entro dieci giorni dalla comunicazione del provvedimento. La corte d'appello provvede, con decreto motivato, entro trenta giorni dalla proposizione del ricorso. L'udienza si svolge senza la presenza del pubblico. Il presidente dispone che il procedimento si svolga in pubblica udienza quando l'interessato ne faccia richiesta.

2-bis.   La corte di appello annulla il decreto di primo grado qualora riconosca che il tribunale era incompetente territorialmente e l'incompetenza sia stata riproposta nei motivi di impugnazione e ordina la trasmissione degli atti al procuratore della Repubblica competente; la declaratoria di incompetenza non produce l'inefficacia degli elementi già acquisiti. Si applica l'articolo 7, comma 10-quater, primo periodo. (^{3})

2-ter.   Le disposizioni del comma 2-bis si applicano anche qualora la proposta sia stata avanzata da soggetti non legittimati ai sensi dell'articolo 5 e l'eccezione sia stata riproposta nei motivi di impugnazione. (^{3})

2-quater. In caso di conferma del decreto impugnato, la corte di appello pone a carico della parte privata che ha proposto l'impugnazione il pagamento delle spese processuali. (^{6})

3.   Avverso il decreto della corte d'appello, è ammesso ricorso in cassazione per violazione di legge, da parte del pubblico ministero e dell'interessato e del suo difensore, entro dieci giorni. La Corte di cassazione provvede, in camera di consiglio, entro trenta giorni dal ricorso. Il ricorso non ha effetto sospensivo. (^{4}) 3-bis.   In caso di ricorso per cassazione si applicano le disposizioni dei commi 2-bis e 2-ter, ove ricorrano le ipotesi ivi previste. (^{5})

4.   Salvo quando è stabilito nel presente decreto, per la proposizione e la decisione dei ricorsi, si osservano in quanto applicabili, le norme del codice di procedura penale riguardanti la proposizione e la decisione dei ricorsi relativi all'applicazione delle misure di sicurezza.

(1) Comma così modificato dall' art. 3, comma 1, lett. a), L. 17 ottobre 2017, n. 161.
(2) Comma inserito dall' art. 3, comma 1, lett. b), L. 17 ottobre 2017,
n. 161.
(3) Comma inserito dall' art. 3, comma 1, lett. c), L. 17 ottobre 2017,
n. 161.
(4) Comma così modificato dall' art. 3, comma 1, lett. d), L. 17
ottobre 2017, n. 161.
(5) Comma inserito dall' art. 3, comma 1, lett. e), L. 17 ottobre 2017,

n. 161.
(6) Comma inserito dall' art. 24, comma 1, lett. a), D.L. 4 ottobre 2018, n. 113, convertito, con modificazioni, dalla L. 1° dicembre 2018, n. 132.

Sezione III - L'esecuzione

Art. 11. Esecuzione

1.   Il provvedimento di applicazione delle misure di prevenzione è comunicato al questore per l'esecuzione.

2.   Il provvedimento stesso, su istanza dell'interessato e sentita l'autorità di pubblica sicurezza che lo propose, può essere revocato o modificato dall'organo dal quale fu emanato, quando sia cessata o mutata la causa che lo ha determinato. Il provvedimento può essere altresì modificato, anche per l'applicazione del divieto o dell'obbligo di soggiorno, su richiesta dell'autorità proponente, quando ricorrono gravi esigenze di ordine e sicurezza pubblica o quando la persona sottoposta alla sorveglianza speciale abbia ripetutamente violato gli obblighi inerenti alla misura.

3.   Il ricorso contro il provvedimento di revoca o di modifica non ha effetto sospensivo.

4.   Nel caso di modificazione del provvedimento o di taluna delle prescrizioni per gravi esigenze di ordine e sicurezza pubblica, ovvero per violazione degli obblighi inerenti alla sorveglianza speciale, il presidente del tribunale può, nella pendenza del procedimento,

disporre con decreto l'applicazione provvisoria della misura, delle prescrizioni o degli obblighi richiesti con la proposta.

Art. 12. Autorizzazione ad allontanarsi dal comune di residenza o dimora abituale

1. Quando ricorrono gravi e comprovati motivi di salute, le persone sottoposte all'obbligo di soggiorno possono essere autorizzate a recarsi in un luogo determinato fuori del comune di residenza o di dimora abituale, ai fini degli accertamenti sanitari e delle cure indispensabili, allontanandosi per un periodo non superiore ai dieci giorni, oltre al tempo necessario per il viaggio. L'autorizzazione può essere concessa, nel medesimo limite temporale, anche quando ricorrono gravi e comprovati motivi di famiglia che rendano assolutamente necessario ed urgente l'allontanamento dal luogo di soggiorno coatto.

2. La domanda dell'interessato deve essere proposta al presidente del tribunale competente ai sensi dell'articolo 5.

3. Il tribunale, dopo aver accertato la veridicità delle circostanze allegate dall'interessato, provvede in camera di consiglio con decreto motivato.

4. Nei casi di assoluta urgenza la richiesta può essere presentata al presidente del tribunale competente ai sensi dell'articolo 5, il quale può autorizzare il richiedente ad allontanarsi

per un periodo non superiore a tre giorni, oltre al tempo necessario per il viaggio.

5. Il decreto previsto dai commi 3 e 4 è comunicato al procuratore della Repubblica ed all'interessato che possono proporre ricorso per cassazione per violazione di legge. Il ricorso non ha effetto sospensivo.

6. Del decreto è altresì data notizia all'autorità di pubblica sicurezza che esercita la vigilanza sul soggiornante obbligato, la quale provvede ad informare quella del luogo dove l'interessato deve recarsi e a disporre le modalità e l'itinerario del viaggio.

Art. 13. Rapporti della sorveglianza speciale con le misure di sicurezza e la libertà vigilata

1. Quando sia stata applicata una misura di sicurezza detentiva o la libertà vigilata, durante la loro esecuzione non si può far luogo alla sorveglianza speciale; se questa sia stata pronunciata, ne cessano gli effetti.

Art. 14. Decorrenza e cessazione della sorveglianza speciale

1. La sorveglianza speciale comincia a decorrere dal giorno in cui il decreto è comunicato all'interessato e cessa di diritto allo scadere del termine nel decreto stesso stabilito, se il sorvegliato speciale non abbia, nel frattempo, commesso un reato.

2. Se nel corso del termine stabilito il sorvegliato commette un reato per il quale riporti successivamente condanna e la sorveglianza speciale non debba cessare, il tribunale verifica d'ufficio se la commissione di tale reato possa costituire indice della persistente pericolosità dell'agente; in tale caso il termine ricomincia a decorrere dal giorno nel quale è scontata la pena.

2-bis. L'esecuzione della sorveglianza speciale resta sospesa durante il tempo in cui l'interessato è sottoposto alla misura della custodia cautelare. In tal caso, salvo quanto stabilito dal comma 2, il termine di durata della misura di prevenzione continua a decorrere dal giorno nel quale è cessata la misura cautelare, con redazione di verbale di sottoposizione agli obblighi. ([1])

2-ter. L'esecuzione della sorveglianza speciale resta sospesa durante il tempo in cui l'interessato è sottoposto a detenzione per espiazione di pena. Dopo la cessazione dello stato di detenzione, se esso si è protratto per almeno due anni, il tribunale verifica, anche d'ufficio, sentito il pubblico ministero che ha esercitato le relative funzioni nel corso della trattazione camerale, la persistenza della pericolosità sociale dell'interessato, assumendo le necessarie informazioni presso l'amministrazione penitenziaria e l'autorità di pubblica sicurezza, nonché presso gli organi di polizia giudiziaria. Al relativo procedimento si applica, in quanto compatibile, il disposto dell'articolo 7. Se persiste la pericolosità sociale, il tribunale emette decreto con cui ordina l'esecuzione della misura di prevenzione, il cui termine di durata continua a decorrere dal giorno in cui il decreto stesso è comunicato all'interessato, salvo quanto stabilito dal comma 2 del presente articolo. Se invece la pericolosità sociale è cessata, il tribunale emette decreto con cui revoca il provvedimento di

applicazione della misura di prevenzione.([1])

(1) Comma aggiunto dall' art. 4, comma 1, L. 17 ottobre 2017, n. 161.

Art. 15. Rapporti dell'obbligo di soggiorno con la detenzione, le misure di sicurezza e la libertà vigilata ([1])

1. Il tempo trascorso in custodia cautelare seguita da condanna o in espiazione di pena detentiva, anche se per effetto di conversione di pena pecuniaria, non è computato nella durata dell'obbligo del soggiorno.

2. L'obbligo del soggiorno cessa di diritto se la persona obbligata è sottoposta a misura di sicurezza detentiva. Se alla persona obbligata a soggiornare è applicata la libertà vigilata, la persona stessa vi è sottoposta dopo la cessazione dell'obbligo del soggiorno.

(1) La Corte costituzionale, con sentenza 2-6 dicembre 2013, n. 291 (Gazz. Uff. 11 dicembre 2013, n. 50 - Prima serie speciale), ha dichiarato, tra

l'altro, in applicazione dell'art. 27, L. 11 marzo 1953, n. 87, l'illegittimità costituzionale del presente articolo, nella parte in cui non prevede che, nel caso in cui l'esecuzione di una misura di prevenzione personale resti sospesa a causa dello stato di detenzione per espiazione di pena della persona ad essa sottoposta, l'organo che ha adottato il provvedimento di applicazione debba valutare, anche d'ufficio, la persistenza della pericolosita' sociale dell'interessato nel momento dell'esecuzione della misura.

Titolo II - Le misure di prevenzione patrimoniali

Capo I - Il procedimento applicativo

Art. 16. Soggetti destinatari

1. Le disposizioni contenute nel presente titolo si applicano:

a) ai soggetti di cui all'articolo 4;

b) alle persone fisiche e giuridiche segnalate al Comitato per le sanzioni delle Nazioni Unite, o ad altro organismo internazionale competente per disporre il congelamento di fondi o di risorse economiche, quando vi sono fondati elementi per ritenere che i fondi o le risorse possano essere dispersi, occultati o utilizzati per il finanziamento di organizzazioni o attività terroristiche, anche internazionali.

2. Nei confronti dei soggetti di cui all'articolo 4, comma 1, lettera i), la

misura di prevenzione patrimoniale della confisca può essere applicata relativamente ai beni, nella disponibilità dei medesimi soggetti, che possono agevolare, in qualsiasi modo, le attività di chi prende parte attiva a fatti di violenza in occasione o a causa di manifestazioni sportive. Il sequestro effettuato nel corso di operazioni di polizia dirette alla prevenzione delle predette manifestazioni di violenza è convalidato a norma dell'articolo 22, comma 2.

(1) La Corte costituzionale, con sentenza 24 gennaio-27 febbraio 2019, n. 24, ha dichiarato, tra l'altro, l'illegittimità costituzionale del presente articolo, nella parte in cui stabilisce che le misure di prevenzione del sequestro e della confisca, disciplinate dagli articoli 20 e 24, si applichino anche ai soggetti indicati nell'art. 1, comma 1, lettera a).

Art. 17. Titolarità della proposta

1. Nei confronti delle persone indicate all'articolo 16 possono essere proposte dal procuratore della Repubblica presso il tribunale del capoluogo del distretto ove dimora la persona, dal procuratore nazionale antimafia e antiterrorismo, dal questore o dal direttore della Direzione investigativa antimafia le misure di prevenzione patrimoniali di cui al presente titolo. [1]

2. Nei casi previsti dall'articolo 4, comma 1, lettere c), i), i-bis) e i-ter), le funzioni e le competenze spettanti al procuratore della Repubblica presso il

tribunale del capoluogo del distretto sono attribuite anche al procuratore della Repubblica presso il tribunale nel cui circondario dimora la persona, previo coordinamento con il procuratore della Repubblica presso il tribunale del capoluogo del distretto. Nei medesimi casi, nelle udienze relative ai procedimenti per l'applicazione delle misure di prevenzione, le funzioni di pubblico ministero possono essere esercitate anche dal procuratore della Repubblica presso il tribunale competente. ([2])

3. Salvo quanto previsto al comma 2, nelle udienze relative ai procedimenti per l'applicazione delle misure di prevenzione richieste ai sensi del presente decreto, le funzioni di pubblico ministero sono esercitate dal procuratore della Repubblica di cui al comma 1. 3-bis. Il procuratore della Repubblica presso il tribunale del capoluogo del distretto, attraverso il raccordo informativo con il questore e con il direttore della Direzione investigativa antimafia relativamente alle misure di prevenzione di cui al presente titolo, cura che non si arrechi pregiudizio alle attività di indagine condotte anche in altri procedimenti. A tal fine, il questore territorialmente competente e il direttore della Direzione investigativa antimafia sono tenuti a:

a) dare immediata comunicazione dei nominativi delle persone fisiche e giuridiche nei cui confronti sono disposti gli accertamenti personali o patrimoniali previsti dall'articolo 19;

b) tenere costantemente aggiornato e informato il procuratore della Repubblica presso il tribunale del capoluogo del distretto sullo svolgimento delle indagini;

c) dare comunicazione sintetica per iscritto della proposta al procuratore della Repubblica presso il tribunale del capoluogo del distretto almeno dieci giorni prima della sua presentazione al tribunale. Il procuratore nei dieci giorni successivi comunica all'autorità proponente l'eventuale sussistenza di pregiudizi per le indagini preliminari in corso. In tali casi, il procuratore concorda con l'autorità proponente modalità per la presentazione congiunta della proposta; ([4])

[*d) trasmettere al procuratore della Repubblica presso il tribunale del capoluogo del distretto, ove ritengano che non sussistano i presupposti per l'esercizio dell'azione di prevenzione, provvedimento motivato entro dieci giorni dall'adozione dello stesso.*] ([3])

(1) Comma modificato dall' art. 4, comma 1, lett. b-bis), D.L. 18 febbraio 2015, n. 7, convertito, con modificazioni, dalla L. 17 aprile 2015, n. 43, e, successivamente, così sostituito dall' art. 5, comma 1, lett. a), L. 17 ottobre 2017, n. 161.

(2) Comma così sostituito dall' art. 5, comma 1, lett. b), L. 17 ottobre 2017, n. 161.

(3) Lettera abrogata dall' art. 24, comma 1, lett. b), n. 2), D.L. 4 ottobre 2018, n. 113, convertito, con modificazioni, dalla L. 1° dicembre 2018, n. 132.

(4) Lettera così modificata dall' art. 24, comma 1, lett. b), n. 1), D.L. 4
ottobre 2018, n. 113, convertito, con modificazioni, dalla L. 1° dicembre 2018, n. 132.

Art. 18. Applicazione delle misure di prevenzione patrimoniali. Morte del proposto

1. Le misure di prevenzione personali e patrimoniali possono essere richieste e applicate disgiuntamente e, per le misure di prevenzione patrimoniali, indipendentemente dalla pericolosità sociale del soggetto proposto per la loro applicazione al momento della richiesta della misura di prevenzione.

2. Le misure di prevenzione patrimoniali possono essere disposte anche in caso di morte del soggetto proposto per la loro applicazione. In tal caso il procedimento prosegue nei confronti degli eredi o comunque degli aventi causa.

3. Il procedimento di prevenzione patrimoniale può essere iniziato anche in caso di morte del soggetto nei confronti del quale potrebbe essere disposta la confisca; in tal caso la richiesta di applicazione della misura di prevenzione può essere proposta nei riguardi dei successori a titolo universale o particolare entro il termine di cinque anni dal decesso.

4. Il procedimento di prevenzione patrimoniale può essere iniziato o proseguito anche in caso di assenza, residenza o dimora all'estero della persona alla quale potrebbe applicarsi la misura di prevenzione, su proposta dei soggetti di cui all'articolo 17 competenti per il luogo di ultima dimora dell'interessato, relativamente ai beni che si ha motivo di ritenere che siano il frutto di attività illecite o ne costituiscano il reimpiego.

5. Agli stessi fini il procedimento può essere iniziato o proseguito allorché la persona è sottoposta ad una misura di sicurezza detentiva o alla libertà vigilata.

Art. 19. Indagini patrimoniali

1. I soggetti di cui all'articolo 17, commi 1 e 2, procedono, anche a mezzo della guardia di finanza o della polizia giudiziaria, ad indagini sul tenore di vita, sulle disponibilità finanziarie e sul patrimonio dei soggetti indicati all'articolo 16 nei cui confronti possa essere proposta la misura di prevenzione della sorveglianza speciale della pubblica sicurezza con o senza divieto od obbligo di soggiorno, nonché, avvalendosi della guardia di finanza o della polizia giudiziaria, ad indagini sull'attività economica facente capo agli stessi soggetti allo scopo anche di individuare le fonti di reddito.

2. I soggetti di cui al comma 1 accertano, in particolare, se dette persone siano titolari di licenze, di autorizzazioni, di concessioni o di abilitazioni all'esercizio di attività imprenditoriali e commerciali, comprese

le iscrizioni ad albi professionali e pubblici registri, se beneficiano di contributi, finanziamenti o mutui agevolati ed altre erogazioni dello stesso tipo, comunque denominate, concesse o erogate da parte dello Stato, degli enti pubblici o dell'Unione europea.

3.   Le indagini sono effettuate anche nei confronti del coniuge, dei figli e di coloro che nell'ultimo quinquennio hanno convissuto con i soggetti indicati al comma 1 nonché nei confronti delle persone fisiche o giuridiche, società, consorzi od associazioni, del cui patrimonio i soggetti medesimi risultano poter disporre in tutto o in parte, direttamente o indirettamente.

4.   I soggetti di cui all'articolo 17, commi 1 e 2, possono richiedere, direttamente o a mezzo di ufficiali o agenti di polizia giudiziaria, ad ogni ufficio della pubblica amministrazione, ad ogni ente creditizio nonché alle imprese, società ed enti di ogni tipo informazioni e copia della documentazione ritenuta utile ai fini delle indagini nei confronti dei soggetti di cui ai commi 1, 2 e 3. Possono altresì accedere, senza nuovi o maggiori oneri, al Sistema per l'interscambio di flussi dati (SID) dell'Agenzia delle entrate e richiedere quanto ritenuto utile ai fini delle indagini. Previa autorizzazione del procuratore della Repubblica o del giudice procedente, gli ufficiali di polizia giudiziaria possono procedere al sequestro della documentazione di cui al primo periodo con le modalità di cui agli articoli 253, 254, e 255 del codice di procedura penale. (¹) 5. Nel corso del procedimento per l'applicazione di una delle misure di prevenzione iniziato nei confronti delle persone indicate nell'articolo 16, il tribunale, ove necessario, può procedere ad ulteriori indagini oltre quelle già compiute a norma dei commi che precedono.

(1) Comma così modificato dall' art. 5, comma 2, L. 17 ottobre 2017,
n. 161 e, successivamente, dall' art. 24, comma 1, lett. c), D.L. 4 ottobre 2018, n. 113, convertito, con modificazioni, dalla L. 1° dicembre 2018, n. 132.

Art. 20. Sequestro (¹)

1.   Il tribunale, anche d'ufficio, con decreto motivato, ordina il sequestro dei beni dei quali la persona nei cui confronti è stata presentata la proposta risulta poter disporre, direttamente o indirettamente, quando il loro valore risulta sproporzionato al reddito dichiarato o all'attività economica svolta ovvero quando, sulla base di sufficienti indizi, si ha motivo di ritenere che gli stessi siano il frutto di attività illecite o ne costituiscano il reimpiego, ovvero dispone le misure di cui agli articoli 34 e 34-bis ove ricorrano i presupposti ivi previsti. Il tribunale, quando dispone il sequestro di partecipazioni sociali totalitarie, ordina il sequestro dei relativi beni costituiti in azienda ai sensi degli articoli 2555 e seguenti del codice civile, anche al fine di consentire gli

adempimenti previsti dall'articolo 104 delle norme di attuazione, di coordinamento e transitorie del codice di procedura penale, di cui al decreto legislativo 28 luglio 1989, n. 271. In ogni caso il sequestro avente ad oggetto partecipazioni sociali totalitarie si estende di diritto a tutti i beni costituiti in azienda ai sensi degli articoli 2555 e seguenti del codice civile. Nel decreto di sequestro avente ad oggetto partecipazioni sociali il tribunale indica in modo specifico i conti correnti e i beni costituiti in azienda ai sensi degli articoli 2555 e seguenti del codice civile ai quali si estende il sequestro.

2.   Prima di ordinare il sequestro o disporre le misure di cui agli articoli 34 e 34-bis e di fissare l'udienza, il tribunale restituisce gli atti all'organo proponente quando ritiene che le indagini non siano complete e indica gli ulteriori accertamenti patrimoniali indispensabili per valutare la sussistenza dei presupposti di cui al comma 1 per l'applicazione del sequestro o delle misure di cui agli articoli 34 e 34-bis.

3.   Il sequestro è revocato dal tribunale quando risulta che esso ha per oggetto beni di legittima provenienza o dei quali l'indiziato non poteva disporre direttamente o indirettamente o in ogni altro caso in cui è respinta la proposta di applicazione della misura di prevenzione patrimoniale. Il tribunale ordina le trascrizioni e le annotazioni consequenziali nei pubblici registri, nei libri sociali e nel registro delle imprese.

4.   L'eventuale revoca del provvedimento non preclude l'utilizzazione ai fini fiscali degli elementi acquisiti nel corso degli accertamenti svolti ai sensi dell'articolo 19.

5.   Il decreto di sequestro e il provvedimento di revoca, anche parziale, del sequestro sono comunicati, anche in via telematica, all'Agenzia di cui all'articolo 110 subito dopo la loro esecuzione.

(1) Articolo così sostituito dall' art. 5, comma 4, L. 17 ottobre 2017, n. 161.

Art. 21. Esecuzione del sequestro

1.   Il sequestro è eseguito con le modalità previste dall'articolo 104 del decreto legislativo 28 luglio 1989, n. 271. La polizia giudiziaria, eseguite le formalità ivi previste, procede all'apprensione materiale dei beni e all'immissione dell'amministratore giudiziario nel possesso degli stessi, anche se gravati da diritti reali o personali di godimento, con l'assistenza, ove ritenuto opportuno, dell'ufficiale giudiziario. [1]

2.   Il giudice delegato alla procedura ai sensi dell'articolo 35, comma 1, sentito l'amministratore giudiziario, valutate le circostanze, ordina lo sgombero degli immobili occupati senza titolo ovvero sulla scorta di titolo

privo di data certa anteriore al sequestro, mediante l'ausilio della forza pubblica. (^{2})

3.	Il rimborso delle spese postali e dell'indennità di trasferta spettante all'ufficiale giudiziario è regolato dalla legge 7 febbraio 1979, n. 59.

(1) Comma così modificato dall' art. 5, comma 5, lett. a), nn. 1) e 2), L. 17 ottobre 2017, n. 161.
(2) Comma così sostituito dall' art. 5, comma 5, lett. b), L. 17 ottobre 2017, n. 161.

Art. 22. Provvedimenti d'urgenza

1.	Quando vi sia concreto pericolo che i beni di cui si prevede debba essere disposta la confisca vengano dispersi, sottratti od alienati, i soggetti di cui all'articolo 17, commi 1 e 2 possono, unitamente alla proposta, richiedere al presidente del tribunale competente per l'applicazione della misura di prevenzione di disporre anticipatamente il sequestro dei beni prima della fissazione dell'udienza. Il presidente del tribunale provvede con decreto motivato entro cinque giorni dalla richiesta. Il sequestro eventualmente disposto perde efficacia se non convalidato dal tribunale entro trenta giorni dalla proposta.

2.	Nel corso del procedimento, a richiesta dei soggetti di cui al comma 1 o degli organi incaricati di svolgere ulteriori indagini a norma dell'articolo 19, comma 5, nei casi di particolare urgenza il sequestro è disposto dal presidente del tribunale con decreto motivato e perde

efficacia se non è convalidato dal tribunale nei trenta giorni successivi. Analogamente si procede se, nel corso del procedimento, anche su segnalazione dell'amministratore giudiziario, emerge l'esistenza di altri beni che potrebbero formare oggetto di confisca. (^{1})

2-bis.	Ai fini del computo del termine per la convalida si tiene conto delle cause di sospensione previste dall'articolo 24, comma 2. (^{2})

*(1)	Comma così modificato dall' art. 5, comma 6, lett. a), L. 17 ottobre 2017, n. 161.*
*(2)	Comma aggiunto dall' art. 5, comma 6, lett. b), L. 17 ottobre 2017, n. 161.*

Art. 23. Procedimento applicativo

1.	Salvo che sia diversamente disposto, al procedimento per l'applicazione di una misura di prevenzione patrimoniale si applicano, in quanto compatibili, le disposizioni dettate dal titolo I, capo II, sezione I.

2.	I terzi che risultino proprietari o comproprietari dei beni sequestrati, nei trenta giorni successivi all'esecuzione del sequestro, sono chiamati dal tribunale ad intervenire nel procedimento con decreto motivato che contiene la fissazione dell'udienza in camera di consiglio.

3.	All'udienza gli interessati possono svolgere le loro deduzioni con l'assistenza di un difensore, nonché chiedere l'acquisizione di ogni elemento utile ai fini della decisione sulla confisca.

Se non ricorre l'ipotesi di cui all'articolo 24 il tribunale ordina la restituzione dei beni ai proprietari.

4.   Il comma 2 si applica anche nei confronti dei terzi che vantano diritti reali o personali di godimento nonché diritti reali di garanzia sui beni in sequestro. Se non ricorre l'ipotesi di cui all'articolo 26, per la liquidazione dei relativi diritti si applicano le disposizioni di cui al titolo IV del presente libro. (¹)

(1) Comma così sostituito dall' art. 5, comma 7, L. 17 ottobre 2017,
n. 161.

Art. 24. Confisca

1.   Il tribunale dispone la confisca dei beni sequestrati di cui la persona nei cui confronti è instaurato il procedimento non possa giustificare la legittima provenienza e di cui, anche per interposta persona fisica o giuridica, risulti essere titolare o avere la disponibilità a qualsiasi titolo in valore sproporzionato al proprio reddito, dichiarato ai fini delle imposte sul reddito, o alla propria attività economica, nonché dei beni che risultino essere frutto di attività illecite o ne costituiscano il reimpiego. In ogni caso il proposto non può giustificare la legittima provenienza dei beni adducendo che il denaro utilizzato per acquistarli sia provento o reimpiego dell'evasione fiscale. Se il tribunale non dispone la confisca, può applicare anche d'ufficio le misure di cui

agli articoli 34 e 34-bis ove ricorrano i presupposti ivi previsti. (²)

1-bis.   Il tribunale, quando dispone la confisca di partecipazioni sociali totalitarie, ordina la confisca anche dei relativi beni costituiti in azienda ai sensi degli articoli 2555 e seguenti del codice civile. Nel decreto di confisca avente ad oggetto partecipazioni sociali il tribunale indica in modo specifico i conti correnti e i beni costituiti in azienda ai sensi degli articoli 2555 e seguenti del codice civile ai quali si estende la confisca. (³)

2.   Il provvedimento di sequestro perde efficacia se il tribunale non deposita il decreto che pronuncia la confisca entro un anno e sei mesi dalla data di immissione in possesso dei beni da parte dell'amministratore giudiziario. Nel caso di indagini complesse o compendi patrimoniali rilevanti, il termine di cui al primo periodo può essere prorogato con decreto motivato del tribunale per sei mesi. Ai fini del computo dei termini suddetti, si tiene conto delle cause di sospensione dei termini di durata della custodia cautelare, previste dal codice di procedura penale, in quanto compatibili; il termine resta sospeso per un tempo non superiore a novanta giorni ove sia necessario procedere all'espletamento di accertamenti peritali sui beni dei quali la persona nei cui confronti è iniziato il procedimento risulta poter disporre, direttamente o indirettamente. Il termine resta altresì sospeso per il tempo

necessario per la decisione definitiva sull'istanza di ricusazione presentata dal difensore e per il tempo decorrente dalla morte del proposto, intervenuta durante il procedimento, fino all'identificazione e alla citazione dei soggetti previsti dall'articolo 18, comma 2, nonché durante la pendenza dei termini previsti dai commi 10sexies, 10-septies e 10-octies dell'articolo 7. (¹)

2-bis. Con il provvedimento di revoca o di annullamento definitivi del decreto di confisca è ordinata la cancellazione di tutte le trascrizioni e le annotazioni. (⁴) (⁵)

3. Il sequestro e la confisca possono essere adottati, su richiesta dei soggetti di cui all'articolo 17, commi 1 e 2, quando ne ricorrano le condizioni, anche dopo l'applicazione di una misura di prevenzione personale. Sulla richiesta provvede lo stesso tribunale che ha disposto la misura di prevenzione personale, con le forme previste per il relativo procedimento e rispettando le disposizioni del presente titolo.

(1)   Comma sostituito dall' art. 1, comma 189, lett. a), L. 24 dicembre 2012, n. 228, a decorrere dal 1° gennaio 2013. Successivamente, il presente comma è stato così sostituito dall' art. 5, comma 8, lett. b), L. 17 ottobre 2017, n. 161, che ha sostituito l'originario comma 2 con gli attuali commi 2 e 2-bis.
(2)   Comma così sostituito dall' art. 5, comma 8, lett. a), L. 17 ottobre 2017, n. 161, che ha sostituito l'originario comma 1 con gli attuali commi 1 e 1-bis.

(3)   Comma inserito dall' art. 5, comma 8, lett. a), L. 17 ottobre 2017, n. 161, che ha sostituito l'originario comma 1 con gli attuali commi 1 e 1-bis.
(4)   Comma inserito dall' art. 5, comma 8, lett. b), L. 17 ottobre 2017, n. 161, che ha sostituito l'originario comma 2 con gli attuali commi 2 e 2-bis.
(5)   Per la sospensione, nei procedimenti penali, del corso della prescrizione e dei termini di cui al presente comma, vedi l' art. 83, comma 9, D.L. 17 marzo 2020, n. 18, convertito, con modificazioni, dalla L. 24 aprile 2020, n. 27.

Art. 25. Sequestro e confisca per equivalente (¹) 1. Dopo la presentazione della proposta, se non è possibile procedere al sequestro dei beni di cui all'articolo 20, comma 1, perché il proposto non ne ha la disponibilità, diretta o indiretta, anche ove trasferiti legittimamente in qualunque epoca a terzi in buona fede, il sequestro e la confisca hanno ad oggetto altri beni di valore equivalente e di legittima provenienza dei quali il proposto ha la disponibilità, anche per interposta persona.

2. Nei casi di cui all'articolo 18, commi 2 e 3, si procede con le modalità di cui al comma 1 del presente articolo nei riguardi dei soggetti nei cui confronti prosegue o inizia il procedimento con riferimento a beni di legittima provenienza loro pervenuti dal proposto.

(1) Articolo così sostituito dall' art. 5, comma 9, L. 17 ottobre 2017, n. 161.

Art. 26. Intestazione fittizia

1. Quando accerta che taluni beni sono stati fittiziamente intestati o trasferiti a terzi, con il decreto che dispone la confisca il giudice dichiara la nullità dei relativi atti di disposizione.

2. Ai fini di cui al comma 1, fino a prova contraria si presumono fittizi:

a) i trasferimenti e le intestazioni, anche a titolo oneroso, effettuati nei due anni antecedenti la proposta della misura di prevenzione nei confronti dell'ascendente, del discendente, del coniuge o della persona stabilmente convivente, nonché dei parenti entro il sesto grado e degli affini entro il quarto grado;

b) i trasferimenti e le intestazioni, a titolo gratuito o fiduciario, effettuati nei due anni antecedenti la proposta della misura di prevenzione.

Capo II - Le impugnazioni

Art. 27. Comunicazioni e impugnazioni

1. I provvedimenti con i quali il tribunale dispone la confisca dei beni sequestrati, l'applicazione, il diniego o la revoca del sequestro, il rigetto della richiesta di confisca anche qualora non sia stato precedentemente disposto il sequestro ovvero la restituzione della cauzione o la liberazione delle garanzie o la confisca della cauzione o l'esecuzione sui beni costituiti in garanzia sono comunicati senza indugio al procuratore generale presso la corte di appello, al procuratore della Repubblica e agli interessati. ([2])

2. Per le impugnazioni contro detti provvedimenti si applicano le disposizioni previste dall'articolo 10. I provvedimenti che dispongono la confisca dei beni sequestrati, la confisca della cauzione o l'esecuzione sui beni costituiti in garanzia diventano esecutivi con la definitività delle relative pronunce.

3. I provvedimenti del tribunale che dispongono la revoca del sequestro divengono esecutivi dieci giorni dopo la comunicazione alle parti, salvo che il pubblico ministero, entro tale termine, ne chieda la sospensione alla corte di appello. In tal caso, se la corte entro dieci giorni dalla sua presentazione non accoglie la richiesta, il provvedimento diventa esecutivo; altrimenti la esecutività resta sospesa fino a quando nel procedimento di prevenzione sia intervenuta pronuncia definitiva in ordine al sequestro. Il provvedimento che, accogliendo la richiesta del pubblico ministero, sospende l'esecutività può essere in ogni momento revocato dal giudice che procede.

3-bis. I provvedimenti della corte di appello che, in riforma del decreto di confisca emesso dal tribunale, dispongono la revoca del sequestro divengono esecutivi dieci giorni dopo la comunicazione alle parti, salvo che il procuratore generale, entro tale termine, ne chieda la sospensione alla medesima corte di appello. In tal caso, se la corte entro dieci giorni dalla sua presentazione non accoglie la richiesta, il provvedimento diventa esecutivo; altrimenti l'esecutività resta sospesa fino a quando nel procedimento di prevenzione sia intervenuta pronuncia definitiva. (^{3})

4. In caso di impugnazione, il cancelliere presso il giudice investito del gravame dà immediata notizia al tribunale che ha emesso il provvedimento della definitività della pronuncia.

5. Dopo l'esercizio dell'azione di prevenzione, e comunque quando il pubblico ministero lo autorizza, gli esiti delle indagini patrimoniali sono trasmessi al competente nucleo di polizia economico-finanziaria della Guardia di Finanza a fini fiscali. (^{1})

6. In caso di appello, il provvedimento di confisca perde efficacia se la corte d'appello non si pronuncia entro un anno e sei mesi dal deposito del ricorso. Si applica l'articolo 24, comma 2. (^{5}).

6-bis. Nel caso di annullamento del decreto di confisca con rinvio al tribunale, anche ove disposto ai sensi dei commi 2-bis e 3-bis dell'articolo 10, il termine previsto dal comma 2 dell'articolo 24 decorre nuovamente dalla ricezione degli atti presso la cancelleria del tribunale stesso.

Capo III - La revocazione della confisca

Art. 28. Revocazione della confisca

1. La revocazione della decisione definitiva sulla confisca di prevenzione può essere richiesta, nelle forme previste dagli articoli 630 e seguenti del codice di procedura penale, in quanto compatibili, alla corte di appello individuata secondo i criteri di cui all'articolo 11 dello stesso codice: (^{1})

a) in caso di scoperta di prove nuove decisive, sopravvenute alla conclusione del procedimento;

b) quando i fatti accertati con sentenze penali definitive, sopravvenute o conosciute in epoca successiva alla conclusione del procedimento di prevenzione, escludano in modo assoluto l'esistenza dei presupposti di applicazione della confisca;

c) quando la decisione sulla confisca sia stata motivata, unicamente o in modo determinante, sulla base di atti riconosciuti falsi, di falsità nel giudizio ovvero di un fatto previsto dalla legge come reato.

2. In ogni caso, la revocazione può essere richiesta solo al fine di dimostrare il difetto originario dei presupposti per l'applicazione della misura.

3. La richiesta di revocazione è proposta, a pena di inammissibilità, entro sei mesi dalla data in cui si verifica uno dei casi di cui al comma 1, salvo che

l'interessato dimostri di non averne avuto conoscenza per causa a lui non imputabile.

4.   Quando accoglie la richiesta di revocazione, la corte di appello provvede, ove del caso, ai sensi dell'articolo

46. (²)

(1)   Comma così sostituito dall' art. 7, comma 1, lett. a), L. 17 ottobre 2017, n. 161.

(2)   Comma così sostituito dall' art. 7, comma 1, lett. b), L. 17 ottobre 2017, n. 161.

Capo IV - Rapporti con i procedimenti penali

Art. 29. Indipendenza dall'esercizio dell'azione penale 1.   L'azione di prevenzione può essere esercitata anche indipendentemente dall'esercizio dell'azione penale.

Art. 30. Rapporti con sequestro e confisca disposti in seno a procedimenti penali

1.   Il sequestro e la confisca di prevenzione possono essere disposti anche in relazione a beni già sottoposti a sequestro in un procedimento penale. In tal caso la custodia giudiziale dei beni sequestrati nel processo penale viene affidata all'amministratore giudiziario, il quale provvede alla gestione dei beni stessi ai sensi del titolo III. Questi comunica al giudice del procedimento penale, previa autorizzazione del tribunale che ha disposto la misura di prevenzione, copia delle relazioni periodiche. In caso di revoca del sequestro o della confisca di prevenzione, il giudice del procedimento penale provvede alla nomina di un nuovo custode, salvo che ritenga di confermare quello già nominato nel procedimento di prevenzione. Nel caso previsto dall'articolo 104-bis disp. att. c.p.p., l'amministratore giudiziario nominato nel procedimento penale prosegue la propria attività nel procedimento di prevenzione, salvo che il tribunale, con decreto motivato e sentita l'Agenzia nazionale per l'amministrazione e la destinazione dei beni sequestrati e confiscati alla criminalità organizzata, di seguito denominata «Agenzia», non provveda alla sua revoca e sostituzione. (¹)

2.   Nel caso previsto dal comma 1, primo periodo, se la confisca definitiva di prevenzione interviene prima della sentenza irrevocabile di condanna che dispone la confisca dei medesimi beni in sede penale, si procede in ogni caso alla gestione, vendita, assegnazione o destinazione ai sensi del titolo III. Il giudice, ove successivamente disponga la confisca in sede penale, dichiara la stessa già eseguita in sede di prevenzione.

3.   Se la sentenza irrevocabile di condanna che dispone la confisca interviene prima della confisca definitiva di prevenzione, il tribunale, ove abbia disposto il sequestro e sia ancora in corso il procedimento di prevenzione, dichiara,

con decreto, che la stessa è stata già eseguita in sede penale. (²)

4.   Nei casi previsti dai commi 2 e 3, in ogni caso la successiva confisca viene trascritta, iscritta o annotata ai sensi dell'articolo 21.

5.   Le disposizioni di cui ai commi 1 e 2 si applicano anche nel caso in cui il sequestro disposto nel corso di un giudizio penale sopravvenga al sequestro o alla confisca di prevenzione.

(1) Comma così modificato dall' art. 8, comma 1, lett. a), L. 17 ottobre 2017, n. 161.

(2) Comma così modificato dall' art. 8, comma 1, lett. b), L. 17

ottobre 2017, n. 161.

Capo V - Le misure di prevenzione patrimoniali diverse dalla confisca

Art. 31. Cauzione. Garanzie reali

1.   Il tribunale, con l'applicazione della misura di prevenzione, dispone che la persona sottoposta a tale misura versi presso la cassa delle ammende una somma, a titolo di cauzione, di entità che, tenuto conto anche delle sue condizioni economiche e dei provvedimenti adottati a norma dell'articolo 22, costituisca un'efficace remora alla violazione delle prescrizioni imposte.

2.   Fuori dei casi previsti dall'articolo 9, il tribunale può imporre alla persona denunciata, in via provvisoria e qualora ne ravvisi l'opportunità, le prescrizioni previste dall'articolo 8, commi 3 e 4. Con il provvedimento, il tribunale può imporre la cauzione di cui al comma 1.

3.   Il deposito può essere sostituito, su istanza dell'interessato, dalla presentazione di idonee garanzie reali. Il tribunale provvede circa i modi di custodia dei beni dati in pegno e dispone, riguardo ai beni immobili, che il decreto con il quale accogliendo l'istanza dell'interessato è disposta l'ipoteca legale sia trascritto presso l'ufficio delle conservatorie dei registri immobiliari del luogo in cui i beni medesimi si trovano. Le spese relative alle garanzie reali previste dal presente comma sono anticipate dall'interessato secondo le modalità stabilite dal tribunale. Il tribunale può disporre, in relazione alle condizioni economiche della persona sottoposta alla misura di prevenzione, che la cauzione sia pagata in rate mensili. (¹)

4.   Quando sia cessata l'esecuzione della misura di prevenzione o sia rigettata la proposta, il tribunale dispone con decreto la restituzione del deposito o la liberazione della garanzia.

5.   Le misure patrimoniali cautelari previste dal presente articolo mantengono la loro efficacia per tutta la durata della misura di prevenzione e non possono essere revocate, neppure in parte, se non per comprovate gravi necessità personali o familiari.

(1) Comma così modificato dall' art. 9, comma 1, L. 17 ottobre 2017, n. 161.

Art. 32. Confisca della cauzione

1.   In caso di violazione degli obblighi o dei divieti derivanti dall'applicazione della misura di prevenzione, il tribunale dispone la confisca della cauzione oppure che si proceda ad esecuzione sui beni costituiti in garanzia, sino a concorrenza dell'ammontare della cauzione. Per l'esecuzione, a cura del cancelliere, si osservano le disposizioni dei primi due titoli del libro terzo del codice di procedura civile in quanto applicabili, ed escluse, riguardo ai beni costituiti in garanzia, le formalità del pignoramento.

2.   Qualora, emesso il provvedimento di cui al comma 1, permangano le condizioni che giustificarono la cauzione, il tribunale, su richiesta del procuratore della Repubblica o del questore e con le forme previste per il procedimento di prevenzione, dispone che la cauzione sia rinnovata, anche per somma superiore a quella originaria.

3.   Le spese relative all'esecuzione prevista dal comma 1 sono anticipate dallo Stato.

Art. 33. L'amministrazione giudiziaria dei beni personali

1.   Nei confronti dei soggetti indicati nell'articolo 4, comma 1, lettere c), d), e), f), g) ed h) il tribunale può aggiungere ad una delle misure di prevenzione previste dall'articolo 6, quella dell'amministrazione giudiziaria dei beni personali, esclusi quelli destinati all'attività professionale o produttiva, quando ricorrono sufficienti indizi che la libera disponibilità dei medesimi agevoli comunque la condotta, il comportamento o l'attività socialmente pericolosa.

2.   Il tribunale può applicare soltanto l'amministrazione giudiziaria se ritiene che essa sia sufficiente ai fini della tutela della collettività.

3.   L'amministrazione giudiziaria può essere imposta per un periodo non eccedente i 5 anni. Alla scadenza può essere rinnovata se permangono le condizioni in base alle quali è stata applicata.

4.   Con il provvedimento con cui applica l'amministrazione giudiziaria dei beni il giudice nomina l'amministratore giudiziario di cui all'articolo 35.

Art. 34. L'amministrazione giudiziaria dei beni connessi ad attività economiche e delle aziende (¹) 1. Quando, a seguito degli accertamenti di cui all'articolo 19 o di quelli compiuti per verificare i pericoli di infiltrazione mafiosa, previsti dall'articolo 92, ovvero di quelli compiuti ai sensi dell'articolo 213 del codice dei contratti pubblici, di cui al decreto legislativo 18 aprile 2016, n. 50, dall'Autorità nazionale anticorruzione,

sussistono sufficienti indizi per ritenere che il libero esercizio di determinate attività economiche, comprese quelle di carattere imprenditoriale, sia direttamente o indirettamente sottoposto alle condizioni di intimidazione o di assoggettamento previste dall'articolo 416-bis del codice penale o possa comunque agevolare l'attività di persone nei confronti delle quali è stata proposta o applicata una delle misure di prevenzione personale o patrimoniale previste dagli articoli 6 e 24 del presente decreto, ovvero di persone sottoposte a procedimento penale per taluno dei delitti di cui all'articolo 4, comma 1, lettere a), b) e i-bis), del presente decreto, ovvero per i delitti di cui agli articoli 603-bis, 629, 644, 648-bis e 648-ter del codice penale, e non ricorrono i presupposti per l'applicazione delle misure di prevenzione patrimoniali di cui al capo I del presente titolo, il tribunale competente per l'applicazione delle misure di prevenzione nei confronti delle persone sopraindicate dispone l'amministrazione giudiziaria delle aziende o dei beni utilizzabili, direttamente o indirettamente, per lo svolgimento delle predette attività economiche, su proposta dei soggetti di cui al comma 1 dell'articolo 17 del presente decreto.

2.   L'amministrazione giudiziaria dei beni è adottata per un periodo non superiore a un anno e può essere prorogata di ulteriori sei mesi per un periodo comunque non superiore complessivamente a due anni, a richiesta del pubblico ministero o d'ufficio, a seguito di relazione dell'amministratore giudiziario che evidenzi la necessità di completare il programma di sostegno e di aiuto alle imprese amministrate e la rimozione delle situazioni di fatto e di diritto che avevano determinato la misura.

3.   Con il provvedimento di cui al comma 1, il tribunale nomina il giudice delegato e l'amministratore giudiziario, il quale esercita tutte le facoltà spettanti ai titolari dei diritti sui beni e sulle aziende oggetto della misura. Nel caso di imprese esercitate in forma societaria, l'amministratore giudiziario può esercitare i poteri spettanti agli organi di amministrazione e agli altri organi sociali secondo le modalità stabilite dal tribunale, tenuto conto delle esigenze di prosecuzione dell'attività d'impresa, senza percepire ulteriori emolumenti.

4.   Il provvedimento di cui al comma 1 è eseguito sui beni aziendali con l'immissione dell'amministratore nel possesso e con l'iscrizione nel registro tenuto dalla camera di commercio, industria, artigianato e agricoltura nel quale è iscritta l'impresa. Qualora oggetto della misura siano beni immobili o altri beni soggetti a iscrizione in pubblici registri, il provvedimento di cui al comma 1 deve essere trascritto nei medesimi pubblici registri.

5. L'amministratore giudiziario adempie agli obblighi di relazione e segnalazione di cui all'articolo 36, comma 2, anche nei confronti del pubblico ministero. Si applicano, in quanto compatibili, le disposizioni di cui ai capi I e II del titolo III del presente libro.

6. Entro la data di scadenza dell'amministrazione giudiziaria dei beni o del sequestro di cui al comma 7, il tribunale, qualora non disponga il rinnovo del provvedimento, delibera in camera di consiglio la revoca della misura disposta ed eventualmente la contestuale applicazione del controllo giudiziario di cui all'articolo 34-bis, ovvero la confisca dei beni che si ha motivo di ritenere che siano il frutto di attività illecite o ne costituiscano il reimpiego. Alla camera di consiglio partecipano il giudice delegato e il pubblico ministero. Al procedimento si applicano, in quanto compatibili, le disposizioni previste dal titolo I, capo II, sezione I, del presente libro. Per le impugnazioni contro i provvedimenti di revoca con controllo giudiziario e di confisca si applicano le disposizioni previste dall'articolo 27.

7. Quando vi sia concreto pericolo che i beni sottoposti al provvedimento di cui al comma 1 vengano dispersi, sottratti o alienati, nei casi in cui si ha motivo di ritenere che i beni siano frutto di attività illecite o ne costituiscano l'impiego, i soggetti di cui all'articolo 17 possono richiedere al tribunale di disporne il sequestro, osservate, in quanto applicabili, le disposizioni previste dal presente titolo. Il sequestro è disposto sino alla scadenza del termine stabilito a norma del comma 2.

(1) Articolo modificato dall' art. 5, comma 1, lett. a), D.Lgs. 13

ottobre 2014, n. 153, a decorrere dal 26 novembre 2014, ai sensi di quanto disposto dall' art. 6, comma 1, del medesimo D.Lgs. n. 153/2014, e dall' art. 35, comma 8, lett. a), D.Lgs. 29 maggio 2017, n. 95. Successivamente, il presente articolo è stato così sostituito dall' art. 10, comma 1, L. 17 ottobre 2017, n. 161.

Art. 34-bis. Controllo giudiziario delle aziende ([1]) 1. Quando l'agevolazione prevista dal comma 1 dell'articolo 34 risulta occasionale, il tribunale dispone, anche d'ufficio, il controllo giudiziario delle attività economiche e delle aziende di cui al medesimo comma 1, se sussistono circostanze di fatto da cui si possa desumere il pericolo concreto di infiltrazioni mafiose idonee a condizionarne l'attività.

2. Il controllo giudiziario è adottato dal tribunale per un periodo non inferiore a un anno e non superiore a tre anni. Con il provvedimento che lo dispone, il tribunale può:

a) imporre nei confronti di chi ha la proprietà, l'uso o l'amministrazione dei beni e delle aziende di cui al comma 1 l'obbligo di comunicare al questore e al nucleo di polizia tributaria del luogo di dimora abituale, ovvero del luogo in cui si trovano i beni se si tratta di residenti all'estero, ovvero della sede legale se si tratta di un'impresa, gli atti di disposizione, di acquisto o di pagamento effettuati, gli atti di pagamento ricevuti, gli incarichi professionali, di amministrazione o di gestione fiduciaria ricevuti e gli altri atti o contratti indicati dal tribunale, di valore non inferiore a euro 7.000 o del valore superiore stabilito dal tribunale in relazione al reddito della persona o al patrimonio e al volume d'affari dell'impresa. Tale obbligo deve essere assolto entro dieci giorni dal compimento dell'atto e comunque entro il 31 gennaio di ogni anno per gli atti posti in essere nell'anno precedente;

b) nominare un giudice delegato e un amministratore giudiziario, il quale riferisce periodicamente, almeno bimestralmente, gli esiti dell'attività di controllo al giudice delegato e al pubblico ministero.

3. Con il provvedimento di cui alla lettera b) del comma 2, il tribunale stabilisce i compiti dell'amministratore giudiziario finalizzati alla attività di controllo e può imporre l'obbligo di non cambiare la sede, la denominazione e la ragione sociale, l'oggetto sociale e la composizione degli organi di amministrazione, direzione e vigilanza e di non compiere fusioni o altre trasformazioni, senza l'autorizzazione da parte del giudice delegato;

a) di adempiere ai doveri informativi di cui alla lettera

a) del comma 2 nei confronti dell'amministratore giudiziario;

c) di informare preventivamente l'amministratore giudiziario circa eventuali forme di finanziamento della società da parte dei soci o di terzi;

d) di adottare ed efficacemente attuare misure organizzative, anche ai sensi degli articoli 6, 7 e 24-ter del decreto legislativo 8 giugno 2001, n. 231, e successive modificazioni;

e) di assumere qualsiasi altra iniziativa finalizzata a prevenire specificamente il rischio di tentativi di infiltrazione o condizionamento mafiosi.

4. Per verificare il corretto adempimento degli obblighi di cui al comma 3, il tribunale può autorizzare gli ufficiali e gli agenti di polizia giudiziaria ad accedere presso gli uffici dell'impresa nonché presso uffici pubblici, studi professionali, società, banche e intermediari mobiliari al fine di acquisire informazioni e copia della documentazione ritenute utili. Nel caso in cui venga accertata la violazione di una o più prescrizioni ovvero ricorrano i presupposti di cui al comma 1 dell'articolo 34, il tribunale può disporre l'amministrazione giudiziaria dell'impresa.

5. Il titolare dell'attività economica sottoposta al controllo giudiziario può proporre istanza di revoca. In tal caso il tribunale fissa l'udienza entro dieci giorni dal deposito dell'istanza e provvede nelle

forme di cui all'articolo 127 del codice di procedura penale. All'udienza partecipano il giudice delegato, il pubblico ministero e, ove nominato, l'amministratore giudiziario.

6. Le imprese destinatarie di informazione antimafia interdittiva ai sensi dell'articolo 84, comma 4, che abbiano proposto l'impugnazione del relativo provvedimento del prefetto, possono richiedere al tribunale competente per le misure di prevenzione l'applicazione del controllo giudiziario di cui alla lettera b) del comma 2 del presente articolo. Il tribunale, sentiti il procuratore distrettuale competente e gli altri soggetti interessati, nelle forme di cui all'articolo 127 del codice di procedura penale, accoglie la richiesta, ove ne ricorrano i presupposti; successivamente, anche sulla base della relazione dell'amministratore giudiziario, può revocare il controllo giudiziario e, ove ne ricorrano i presupposti, disporre altre misure di prevenzione patrimoniali.

7. Il provvedimento che dispone l'amministrazione giudiziaria prevista dall'articolo 34 o il controllo giudiziario ai sensi del comma 6 del presente articolo sospende gli effetti di cui all'articolo 94.

(1) Articolo inserito dall' art. 11, comma 1, L. 17 ottobre 2017, n. 161.

Capo V-bis - Trattazione prioritaria del procedimento (1)

(1) Capo inserito dall' art. 12, comma 1, L. 17 ottobre 2017, n. 161.

Art. 34-ter. Trattazione prioritaria dei procedimenti di prevenzione patrimoniale (1)

1. E' assicurata la priorità assoluta nella trattazione dei procedimenti previsti dagli articoli 16 e seguenti del presente decreto.

2. I dirigenti degli uffici giudicanti e requirenti adottano i provvedimenti organizzativi necessari per assicurare la trattazione e la definizione prioritaria dei procedimenti di cui al comma 1 e il rispetto dei termini previsti. I provvedimenti sono tempestivamente comunicati al consiglio giudiziario e al Consiglio superiore della magistratura. Il dirigente dell'ufficio comunica, sulla base delle indicazioni del Consiglio superiore della magistratura, con cadenza annuale, a tale organo e al Ministero della giustizia i dati sulla durata dei relativi procedimenti. Il Consiglio superiore della magistratura e il Ministero della giustizia valutano gli effetti dei provvedimenti adottati dai dirigenti degli uffici sulla trattazione prioritaria, sulla durata e sul rispetto dei termini dei procedimenti indicati al comma 1. In sede di comunicazioni sull'amministrazione della giustizia, ai sensi dell'articolo 86 dell'ordinamento giudiziario, di cui al regio decreto 30 gennaio 1941, n. 12, e successive modificazioni, il Ministro della

giustizia riferisce alle Camere in merito alla trattazione dei procedimenti di cui al comma 1 del presente articolo.

(1) Articolo inserito dall' art. 12, comma 1, L. 17 ottobre 2017, n.
161, che ha inserito il Capo V-bis.

Titolo III - L'amministrazione, la gestione e la destinazione dei beni sequestrati e confiscati

Capo I- L'amministrazione dei beni sequestrati e confiscati

Art. 35. Nomina e revoca dell'amministratore giudiziario
1.   Con il provvedimento con il quale dispone il sequestro previsto dal capo I del titolo II del presente libro il tribunale nomina il giudice delegato alla procedura e un amministratore giudiziario. Qualora la gestione dei beni in stato di sequestro sia particolarmente complessa, anche avuto riguardo al numero dei comuni ove sono situati i beni immobili o i complessi aziendali o alla natura dell'attività aziendale da proseguire o al valore ingente del patrimonio, il tribunale può nominare più amministratori giudiziari.
In tal caso il tribunale stabilisce se essi possano operare disgiuntamente. (¹)
2.   L'amministratore giudiziario è scelto tra gli iscritti nell'Albo nazionale degli amministratori giudiziari secondo criteri di trasparenza che assicurano la rotazione degli incarichi tra gli amministratori, tenuto conto della natura e dell'entità dei beni in stato di sequestro, delle caratteristiche dell'attività aziendale da proseguire e delle specifiche competenze connesse alla gestione. Con decreto del Ministro della giustizia, di concerto con il Ministro dell'interno e con il Ministro dello sviluppo economico, sono individuati criteri di nomina degli amministratori giudiziari e dei coadiutori che tengano conto del numero degli incarichi aziendali in corso, comunque non superiore a tre, con esclusione degli incarichi già in corso quale coadiutore, della natura monocratica o collegiale dell'incarico, della tipologia e del valore dei compendi da amministrare, avuto riguardo anche al numero dei lavoratori, della natura diretta o indiretta della gestione, dell'ubicazione dei beni sul territorio, delle pregresse esperienze professionali specifiche. Con lo stesso decreto sono altresì stabiliti i criteri per l'individuazione degli incarichi per i quali la particolare complessità dell'amministrazione o l'eccezionalità del valore del patrimonio da amministrare determinano il divieto di cumulo. L'amministratore giudiziario è nominato con decreto motivato. All'atto della nomina l'amministratore giudiziario comunica al tribunale se e quali incarichi analoghi egli abbia in corso, anche se conferiti da altra autorità giudiziaria o dall'Agenzia. (⁵) 2-bis. L'amministratore giudiziario di aziende sequestrate è scelto tra gli iscritti nella sezione di

esperti in gestione aziendale dell'Albo nazionale degli amministratori giudiziari. (²)

2-ter. Fermo restando quanto previsto dall'articolo 41-bis, comma 7, l'amministratore giudiziario di cui ai commi 2 e 2-bis può altresì essere nominato tra il personale dipendente dell'Agenzia, di cui all'articolo 113-bis. In tal caso l'amministratore giudiziario dipendente dell'Agenzia, per lo svolgimento dell'incarico, non ha diritto ad emolumenti aggiuntivi rispetto al trattamento economico in godimento, ad eccezione del rimborso delle spese di cui al comma 9. (²)

3.   Non possono essere nominate le persone nei cui confronti il provvedimento è stato disposto, il coniuge, i parenti, gli affini e le persone con esse conviventi, né le persone condannate a una pena che importi l'interdizione, anche temporanea, dai pubblici uffici o le pene accessorie previste dal regio decreto 16 marzo 1942, n. 267, o coloro cui sia stata irrogata una misura di prevenzione o nei confronti dei quali sia stato disposto il rinvio a giudizio per i reati di cui all'articolo 4 del presente decreto o per uno dei reati previsti dal libro II, titolo II, capo I, e titolo III, capo I, del codice penale. Non possono altresì essere nominate le persone che abbiano svolto attività lavorativa o professionale in favore del proposto o delle imprese a lui riconducibili. Le stesse persone non possono, altresì, svolgere le funzioni di coadiutore o di diretto collaboratore dell'amministratore giudiziario nell'attività di gestione. Non possono assumere l'ufficio di amministratore giudiziario, né quelli di coadiutore o diretto collaboratore dell'amministratore giudiziario, il coniuge, i parenti fino al quarto grado, gli affini entro il secondo grado, i conviventi o commensali abituali del magistrato che conferisce l'incarico. Non possono altresì assumere l'ufficio di amministratore giudiziario, né quelli di coadiutore o diretto collaboratore dell'amministratore giudiziario, i creditori o debitori del magistrato che conferisce l'incarico, del suo coniuge o dei suoi figli, né le persone legate da uno stabile rapporto di collaborazione professionale con il coniuge o i figli dello stesso magistrato, né i prossimi congiunti, i conviventi, i creditori o debitori del dirigente di cancelleria che assiste lo stesso magistrato. (¹)

4.   L'amministratore giudiziario chiede al giudice delegato di essere autorizzato, ove necessario, a farsi coadiuvare, sotto la sua responsabilità, da tecnici o da altri soggetti qualificati. Ove la complessità della gestione lo richieda, anche successivamente al sequestro, l'amministratore giudiziario organizza, sotto la sua responsabilità, un proprio ufficio di coadiuzione, la cui composizione e il cui assetto interno devono essere comunicati al giudice delegato indicando altresì se e quali incarichi analoghi abbiano in corso i coadiutori, assicurando la presenza, nel

caso in cui si tratti dei beni di cui all'articolo 10 del codice dei beni culturali e del paesaggio, di cui al decreto legislativo 22 gennaio 2004, n. 42, di uno dei soggetti indicati nell'articolo 9-bis del medesimo codice. Il giudice delegato ne autorizza l'istituzione tenuto conto della natura dei beni e delle aziende in stato di sequestro e degli oneri che ne conseguono. (¹)

4-bis. Non possono assumere l'ufficio di amministratore giudiziario, né quello di suo coadiutore, coloro i quali sono legati da rapporto di coniugio, unione civile o convivenza di fatto ai sensi della legge 20 maggio 2016, n. 76, parentela entro il terzo grado o affinità entro il secondo grado con magistrati addetti all'ufficio giudiziario al quale appartiene il magistrato che conferisce l'incarico, nonché coloro i quali hanno con tali magistrati un rapporto di assidua frequentazione. Si intende per frequentazione assidua quella derivante da una relazione sentimentale o da un rapporto di amicizia stabilmente protrattosi nel tempo e connotato da reciproca confidenza, nonché il rapporto di frequentazione tra commensali abituali. (⁴) 5. L'amministratore giudiziario riveste la qualifica di pubblico ufficiale e deve adempiere con diligenza ai compiti del proprio ufficio. Egli ha il compito di provvedere alla gestione, alla custodia e alla conservazione dei beni sequestrati anche nel corso degli eventuali giudizi di impugnazione, sotto la direzione del giudice delegato, al fine di incrementare, se possibile, la redditività dei beni medesimi. (¹) 6. L'amministratore giudiziario deve segnalare al giudice delegato l'esistenza di altri beni che potrebbero formare oggetto di sequestro di cui sia venuto a conoscenza nel corso della sua gestione. 7. In caso di grave irregolarità o di incapacità il tribunale, su proposta del giudice delegato, dell'Agenzia o d'ufficio, può disporre in ogni tempo la revoca dell'amministratore giudiziario, previa audizione dello stesso. Nei confronti dei coadiutori dell'Agenzia la revoca è disposta dalla medesima Agenzia.

8. L'amministratore giudiziario che, anche nel corso della procedura, cessa dal suo incarico, deve rendere il conto della gestione ai sensi dell'articolo 43. (³) 9. Nel caso di trasferimento fuori della residenza, all'amministratore giudiziario spetta il trattamento previsto dalle disposizioni vigenti per i dirigenti di seconda fascia dello Stato.

(1) Comma così sostituito dall' art. 13, comma 1, lett. a), L. 17 ottobre 2017, n. 161, che ha sostituito gli originari commi 1, 2, 3, 4 e 5 con gli attuali commi 1, 2, 2-bis, 2-ter, 3, 4 e 5.

(2) Comma inserito dall' art. 13, comma 1, lett. a), L. 17 ottobre 2017, n. 161, che ha sostituito gli originari commi 1, 2, 3, 4 e 5 con gli attuali commi 1, 2, 2-bis, 2-ter, 3, 4 e 5.

(3) Comma così sostituito dall' art. 13, comma 1, lett. b), L. 17 ottobre 2017, n. 161.

(4) Comma inserito dall' art. 1, comma 1, lett. a), D.Lgs. 18 maggio 2018, n. 54, a decorrere dal 25 giugno 2018.

*(5) Il presente comma è stato così modificato dall'
art. 36, comma 1, D.L. 4 ottobre 2018, n. 113,
convertito, con modificazioni, dalla L.
1° dicembre 2018, n. 132.*

Art. 35. 1 Dichiarazione di incompatibilità (¹)

1.   L'amministratore giudiziario, al momento dell'accettazione dell'incarico e comunque entro due giorni dalla comunicazione della nomina, deposita presso la cancelleria dell'ufficio giudiziario conferente l'incarico una dichiarazione attestante l'insussistenza delle cause di incompatibilità di cui all'articolo 35, comma 4-bis. In caso di violazione della disposizione di cui al periodo precedente il tribunale provvede d'urgenza alla sostituzione del soggetto nominato. Il tribunale provvede allo stesso modo nel caso in cui, dalla dichiarazione depositata, emerge la sussistenza di una causa di incompatibilità. In caso di dichiarazione di circostanze non corrispondenti al vero effettuata da un soggetto iscritto ad un albo professionale, il tribunale lo segnala all'organo competente dell'ordine o del collegio professionale ai fini della valutazione di competenza in ordine all'esercizio dell'azione disciplinare e al presidente della Corte di appello affinché dia notizia della segnalazione a tutti i magistrati del distretto.

2.   Nella dichiarazione il soggetto incaricato deve comunque indicare, ai fini di cui all'articolo 35.2, l'esistenza di rapporti di coniugio, unione civile o convivenza di fatto ai sensi della legge 20 maggio 2016, n. 76, parentela entro il terzo grado o affinità entro il secondo grado o frequentazione assidua con magistrati, giudicanti o requirenti, del distretto di Corte di appello nel quale ha sede l'ufficio giudiziario presso il quale è pendente il procedimento.

3.   Il coadiutore nominato dall'amministratore giudiziario a norma dell'articolo 35, comma 4, redige la dichiarazione disciplinata ai commi 1 e 2 e la consegna all'amministratore giudiziario entro due giorni dal momento in cui ha avuto conoscenza della nomina e, in ogni caso, prima di dare inizio alla sua attività. L'amministratore giudiziario entro i due giorni successivi provvede a depositare in cancelleria la dichiarazione del coadiutore. Se il coadiutore non consegna la dichiarazione o se dalla dichiarazione emerge la sussistenza di una causa di incompatibilità, l'amministratore giudiziario non può avvalersi del coadiutore nominato.

4.   A decorrere dal trentesimo giorno successivo alla pubblicazione nella Gazzetta Ufficiale del provvedimento con cui il responsabile dei sistemi informativi automatizzati del Ministero della giustizia attesta la piena funzionalità dei sistemi in relazione a quanto previsto dai commi 1, 2 e 3, il deposito della dichiarazione

prevista dai predetti commi ha luogo esclusivamente con modalità telematiche, nel rispetto della normativa, anche regolamentare, concernente la sottoscrizione, la trasmissione e la ricezione dei documenti informatici.

(1) Articolo inserito dall' art. 1, comma 1, lett. b), D.Lgs. 18 maggio 2018, n. 54, a decorrere dal 25 giugno 2018.

Art. 35. 2 Vigilanza (¹)

1. I sistemi informativi automatizzati del Ministero della giustizia assicurano al presidente della Corte di appello la possibilità di estrarre, anche in forma massiva, le dichiarazioni depositate a norma dell'articolo 35.1, dalle quali deve essere possibile rilevare almeno i seguenti dati:

a) il nome del giudice che ha assegnato l'incarico e la sezione di appartenenza;
b) il nome dell'ausiliario e la tipologia dell'incarico conferitogli;
c) la data di conferimento dell'incarico;
d) il nome del magistrato del distretto con il quale il professionista incaricato ha dichiarato di essere legato da uno dei rapporti indicati all'articolo 35.1, comma 2; e)   la natura di tale rapporto. (²)

2. Il presidente della Corte di appello tiene conto delle risultanze delle dichiarazioni ai fini dell'esercizio, su tutti gli incarichi conferiti, del potere di sorveglianza di cui al regio decreto 31 maggio 1946, n. 511.

(1)   Articolo inserito dall' art. 1, comma 1, lett. b), D.Lgs. 18 maggio 2018, n. 54, a decorrere dal 25 giugno 2018, ai sensi di quanto disposto dall' art. 6, comma 1, del medesimo D.Lgs. n. 54/2018.
(2)   Per l'efficacia delle disposizioni di cui al presente comma vedi l' art. 5, comma 2, D.Lgs. 18 maggio 2018, n. 54.

Art. 35-bis. Responsabilità nella gestione e controlli della pubblica amministrazione (¹)

1.   Fatti salvi i casi di dolo o colpa grave, sono esenti da responsabilità civile l'amministratore giudiziario, il coadiutore nominato ai sensi dell'articolo 35, comma 4, e l'amministratore nominato ai sensi dell'articolo 41, comma 6, per gli atti di gestione compiuti nel periodo di efficacia del provvedimento di sequestro.

2.   Dalla data del sequestro e sino all'approvazione del programma di cui all'articolo 41, comma 1, lettera c), gli accertamenti a qualsiasi titolo disposti sull'azienda sequestrata dalle pubbliche amministrazioni di cui all'articolo 1, comma 2, del decreto legislativo 30 marzo 2001, n. 165, e successive modificazioni, sono notificati all'amministratore giudiziario. Per un periodo di sei mesi dalla notificazione dell'accertamento è sospesa l'irrogazione delle sanzioni ed entro lo stesso termine l'amministratore giudiziario procede alla sanatoria delle violazioni eventualmente riscontrate, presentando apposita istanza alla pubblica amministrazione interessata, sentito il giudice delegato.

Per la durata indicata nel periodo precedente rimangono sospesi i relativi termini di prescrizione.

3. Al fine di consentire la prosecuzione dell'attività dell'impresa sequestrata o confiscata, il prefetto della provincia rilascia all'amministratore giudiziario la nuova documentazione antimafia di cui all'articolo 84. Tale documentazione ha validità per l'intero periodo di efficacia dei provvedimenti di sequestro e confisca dell'azienda e sino alla destinazione della stessa disposta ai sensi dell'articolo 48.

(1) Articolo inserito dall' art. 13, comma 2, L. 17 ottobre 2017, n. 161.

Art. 36. Relazione dell'amministratore giudiziario

1. L'amministratore giudiziario presenta al giudice delegato, entro trenta giorni dalla nomina, una relazione particolareggiata dei beni sequestrati. La relazione contiene:

a) l'indicazione, lo stato e la consistenza dei singoli beni ovvero delle singole aziende, nonché i provvedimenti da adottare per la liberazione dei beni sequestrati; ([1])

b) il presumibile valore di mercato dei beni quale stimato dall'amministratore stesso;

c) gli eventuali diritti di terzi sui beni sequestrati;

d) in caso di sequestro di beni organizzati in azienda, l'indicazione della documentazione reperita e le eventuali difformità tra gli elementi dell'inventario e quelli delle scritture contabili;

e) l'indicazione delle forme di gestione più idonee e redditizie dei beni, anche ai fini delle determinazioni che saranno assunte dal tribunale ai sensi dell'articolo 41 ([2]).

In particolare, nel caso di sequestro di beni organizzati in azienda o di partecipazioni societarie che assicurino le maggioranze previste dall'articolo 2359 del codice civile, la relazione contiene una dettagliata analisi sulla sussistenza di concrete possibilità di prosecuzione o di ripresa dell'attività, tenuto conto del grado di caratterizzazione della stessa con il proposto ed i suoi familiari, della natura dell'attività esercitata, delle modalità e dell'ambiente in cui è svolta, della forza lavoro occupata, della capacità produttiva e del mercato di riferimento.

2. La relazione di cui al comma 1 indica anche le eventuali difformità tra quanto oggetto della misura e quanto appreso, nonché l'esistenza di altri beni che potrebbero essere oggetto di sequestro, di cui l'amministratore giudiziario sia venuto a conoscenza.

3. Ove ricorrano giustificati motivi, il termine per il deposito della relazione può essere prorogato dal giudice delegato per non più di novanta giorni. Successivamente l'amministratore giudiziario redige, con la frequenza stabilita dal giudice, una relazione

periodica sull'amministrazione, che trasmette anche all'Agenzia, esibendo, ove richiesto, i relativi documenti giustificativi.

4. La cancelleria dà avviso alle parti del deposito della relazione dell'amministratore giudiziario ed esse possono prenderne visione ed estrarne copia limitatamente ai contenuti di cui alla lettera b) del comma 1. Ove siano formulate contestazioni motivate sulla stima dei beni entro venti giorni dalla ricezione dell'avviso, il tribunale, se non le ritiene inammissibili, sentite le parti, procede all'accertamento del presumibile valore di mercato dei beni medesimi nelle forme della perizia ai sensi degli articoli 220 e seguenti del codice di procedura penale. Fino alla conclusione della perizia, la gestione prosegue con le modalità stabilite dal giudice delegato. ([3])

(1) Lettera così sostituita dall' art. 13, comma 3, lett. a), n. 1), L. 17 ottobre 2017, n. 161.
(2) Lettera così sostituita dall' art. 13, comma 3, lett. a), n. 2), L. 17 ottobre 2017, n. 161.
(3) Comma così sostituito dall' art. 13, comma 3, lett. b), L. 17
ottobre 2017, n. 161.

Art. 37. Compiti dell'amministratore giudiziario

1. L'amministratore giudiziario, fermo restando quanto previsto dagli articoli 2214 e seguenti del codice civile, tiene un registro, preventivamente vidimato dal giudice delegato alla procedura, sul quale annota tempestivamente le operazioni relative alla sua amministrazione secondo i criteri stabiliti al comma 6. Con decreto emanato dal Ministro della giustizia, di concerto con il Ministro dell'economia e delle finanze, sono stabilite le norme per la tenuta del registro.

2. Nel caso di sequestro di azienda l'amministratore prende in consegna le scritture contabili e i libri sociali, sui quali devono essere annotati gli estremi del provvedimento di sequestro.

3. Le somme apprese, riscosse o ricevute a qualsiasi titolo dall'amministratore giudiziario in tale qualità, escluse quelle derivanti dalla gestione di aziende, affluiscono al Fondo unico giustizia di cui all'articolo 61, comma 23, del decreto-legge 25 giugno 2008, n. 112, convertito, con modificazioni, dalla legge 6 agosto 2008, n. 133. Con decreto emanato dal Ministro dell'economia e delle finanze, di concerto con il Ministro della giustizia e con il Ministro dell'interno, sono stabilite le norme per la gestione dei ricavi derivanti dall'amministrazione dei beni immobili. ([1]) 4. Le somme di cui al comma 3 sono intestate alla procedura e i relativi prelievi possono essere effettuati nei limiti e con le modalità stabilite dal giudice delegato.

5. L'amministratore giudiziario tiene contabilità separata in relazione ai vari soggetti o enti proposti; tiene inoltre contabilità separata della gestione e delle eventuali vendite dei singoli beni

immobili oggetto di privilegio speciale ed ipoteca e dei singoli beni mobili o gruppo di mobili oggetto di pegno e privilegio speciale. Egli annota analiticamente in ciascun conto le entrate e le uscite di carattere specifico e la quota di quelle di carattere generale imputabili a ciascun bene o gruppo di beni secondo un criterio proporzionale. Conserva altresì i documenti comprovanti le operazioni effettuate e riporta analiticamente le operazioni medesime nelle relazioni periodiche presentate ai sensi dell'articolo 36.

(1) Comma così modificato dall' art. 13, comma 4, L. 17 ottobre 2017, n. 161.

Art. 38. Compiti dell'Agenzia

1.   Fino al decreto di confisca di secondo grado emesso dalla corte di appello nei procedimenti di prevenzione, l'Agenzia svolge attività di ausilio e di supporto all'autorità giudiziaria, con le modalità previste dagli articoli 110, 111 e 112, proponendo altresì al tribunale l'adozione di tutti i provvedimenti necessari per la migliore utilizzazione del bene in vista della sua destinazione o assegnazione. (¹)

2.   All'Agenzia sono comunicati per via telematica i provvedimenti di modifica o revoca del sequestro, quelli di autorizzazione al compimento di atti di amministrazione straordinaria e i dati, individuati dal regolamento di attuazione previsto dall'articolo 113, comma 1, lettera c), indispensabili per lo svolgimento dei propri compiti istituzionali. L'Agenzia effettua le comunicazioni telematiche con l'autorità giudiziaria attraverso il proprio sistema informativo, aggiornando dalla data del provvedimento di confisca di secondo grado i dati necessari per consentire quanto previsto dagli articoli 40, comma 3-ter, e 41, comma 2-ter. (³) 3. Con il provvedimento di confisca emesso in giudizio di appello l'amministrazione dei beni è conferita all'Agenzia, che ne cura la gestione fino all'emissione del provvedimento di destinazione. L'Agenzia si avvale, per la gestione, di un coadiutore, che può essere individuato nell'amministratore giudiziario nominato dal tribunale, salvo che ricorrano le ipotesi di cui all'articolo 35, comma 7, o che sussistano altri giusti motivi. Qualora sia diverso dall'amministratore giudiziario, il coadiutore nominato dall'Agenzia deve essere scelto tra gli iscritti, rispettivamente, agli albi richiamati all'articolo 35, commi 2 e 2-bis. L'Agenzia comunica al tribunale il provvedimento di conferimento dell'incarico. L'incarico ha durata fino alla destinazione del bene, salvo che intervenga revoca espressa. All'attuazione del presente comma, si provvede con le risorse umane e finanziarie disponibili a legislazione vigente. (²)

4.   L'amministratore giudiziario, dopo il decreto di confisca di secondo grado emesso dalla corte di appello,

provvede agli adempimenti di cui all'articolo 42 e all'approvazione del rendiconto della gestione giudiziale dinanzi al giudice delegato. Per l'attività di amministrazione condotta sotto la direzione dell'Agenzia il coadiutore predispone separato conto di gestione. L'Agenzia provvede all'approvazione del nuovo rendiconto della gestione. (¹)

5.　L'Agenzia, entro un mese dalla comunicazione del deposito del provvedimento di confisca di secondo grado, pubblica nel proprio sito internet l'elenco dei beni immobili oggetto di confisca al fine di facilitare la richiesta di utilizzo da parte degli aventi diritto. (¹)

6.　L'Agenzia promuove le intese con l'autorità giudiziaria per assicurare, attraverso criteri di trasparenza, la rotazione degli incarichi degli amministratori, la corrispondenza tra i profili professionali e i beni sequestrati, nonché la pubblicità dei compensi percepiti, secondo modalità stabilite con decreto emanato dal Ministro dell'interno e dal Ministro della giustizia.

7.　Salvo che sia diversamente stabilito, le disposizioni del presente decreto relative all'amministratore giudiziario si applicano anche all'Agenzia, nei limiti delle competenze alla stessa attribuite ai sensi del comma 3.

(1) Comma così sostituito dall' art. 13, comma 5, L. 17 ottobre 2017,
n. 161.
(2) Comma sostituito dall' art. 13, comma 5, L. 17 ottobre 2017, n. 161 e, successivamente, così

modificato dall' art. 36, comma 2, lett. a), nn. 1), 2) e 3), D.L. 4 ottobre 2018, n. 113, convertito, con modificazioni, dalla L. 1° dicembre 2018, n. 132.
(3) Comma sostituito dall' art. 13, comma 5, L. 17 ottobre 2017, n.
161 e, successivamente, così modificato dall' art. 36, comma 2, lett. 0a), nn. 1), 2) e 3), D.L. 4 ottobre 2018, n. 113, convertito, con modificazioni, dalla L. 1° dicembre 2018, n. 132.

Art. 39. Assistenza legale alla procedura

1.　L'Avvocatura dello Stato assume la rappresentanza e la difesa dell'amministratore giudiziario nelle controversie, anche in corso, concernenti rapporti relativi a beni sequestrati, qualora l'Avvocato generale dello Stato ne riconosca l'opportunità. (¹) 1-bis. A tal fine, dopo che il giudice delegato lo ha autorizzato a stare in giudizio, l'amministratore giudiziario inoltra richiesta per via telematica all'Avvocatura dello Stato. Ove l'Avvocato generale dello Stato non si esprima entro cinque giorni, il giudice delegato può autorizzare la nomina di un libero professionista. (²)

(1) Comma così sostituito dall' art. 1, comma 1, D.Lgs. 15 novembre 2012, n. 218.
(2) Comma aggiunto dall' art. 13, comma 6, L. 17 ottobre 2017, n.
161.

Capo II - La gestione dei beni sequestrati e confiscati

Art. 40. Gestione dei beni sequestrati

1.   Il giudice delegato impartisce le direttive generali della gestione dei beni sequestrati, anche avvalendosi dell'attività di ausilio e supporto dell'Agenzia ai sensi degli articoli 110, 111 e 112. ([3])

2.   Il giudice delegato può adottare, nei confronti della persona sottoposta alla procedura e della sua famiglia, i provvedimenti indicati nell'articolo 47, primo comma, del regio decreto 16 marzo 1942, n. 267, e successive modificazioni, quando ricorrano le condizioni ivi previste. ([3])

2-bis.   Nel caso previsto dal secondo comma dell'articolo 47 del regio decreto 16 marzo 1942, n. 267, e, comunque, nei casi previsti dal comma 3-ter, primo periodo, del presente articolo, il tribunale, con decreto revocabile in ogni momento, dispone il differimento dell'esecuzione dello sgombero non oltre il decreto di confisca definitivo. Il beneficiario, pena la revoca del provvedimento, è tenuto a corrispondere l'indennità eventualmente determinata dal tribunale e a provvedere a sue cure alle spese e agli oneri inerenti all'unità immobiliare; è esclusa ogni azione di regresso. Il tribunale, con il provvedimento con cui rigetta la richiesta, dispone l'esecuzione dello sgombero se precedentemente differito. ([4])

3.   L'amministratore giudiziario non può stare in giudizio né contrarre mutui, stipulare transazioni, compromessi, fideiussioni, concedere ipoteche, alienare immobili e compiere altri atti di straordinaria amministrazione, anche a tutela dei diritti dei terzi, senza autorizzazione scritta del giudice delegato. ([3])

3-bis. L'amministratore giudiziario, con l'autorizzazione scritta del giudice delegato, può locare o concedere in comodato i beni immobili, prevedendo la cessazione nei casi previsti dal comma 3-ter e comunque in data non successiva alla pronuncia della confisca definitiva. ([4])

3-ter.   L'amministratore giudiziario, previa autorizzazione scritta del giudice delegato, anche su proposta dell'Agenzia, può, in via prioritaria, concedere in comodato i beni immobili ai soggetti indicati nell'articolo 48, comma 3, lettera c), con cessazione alla data della confisca definitiva. Il tribunale, su proposta del giudice delegato, qualora non si sia già provveduto, dispone l'esecuzione immediata dello sgombero, revocando, se necessario, i provvedimenti emessi ai sensi del comma 2-bis del presente articolo. ([4])

3-quater.   In caso di beni immobili concessi in locazione o in comodato sulla scorta di titolo di data certa anteriore al sequestro, l'amministratore giudiziario, previa autorizzazione del giudice delegato, pone in essere gli atti necessari per ottenere la cessazione del contratto alla scadenza naturale. ([4])

4. Avverso gli atti dell'amministratore giudiziario compiuti in assenza di autorizzazione scritta del giudice delegato, il pubblico ministero, il proposto e ogni altro interessato possono avanzare reclamo, nel termine perentorio di quindici giorni dalla data in cui ne hanno avuto effettiva conoscenza, al giudice delegato, che, entro i dieci giorni successivi, provvede ai sensi dell'articolo 127 del codice di procedura penale. (³)

5. In caso di sequestro di beni in comunione indivisa, l'amministratore giudiziario, previa autorizzazione del giudice delegato, può chiedere al giudice civile di essere nominato amministratore della comunione.

5-bis. I beni mobili sequestrati, anche iscritti in pubblici registri, possono essere affidati dal tribunale in custodia giudiziale agli organi di polizia e del Corpo nazionale dei vigili del fuoco che ne facciano richiesta per l'impiego nelle attività istituzionali o per esigenze di polizia giudiziaria, ovvero possono essere affidati all'Agenzia, ad altri organi dello Stato, ad enti pubblici non economici e enti territoriali per finalità di giustizia, di soccorso pubblico, di protezione civile o di tutela ambientale nonché ai soggetti previsti dall'articolo 48, comma 3, lettera c). (²)

5-ter. Il tribunale, se non deve provvedere alla revoca del sequestro e alle conseguenti restituzioni, su richiesta dell'amministratore giudiziario o dell'Agenzia, decorsi trenta giorni dal deposito della relazione di cui all'articolo 36, destina alla vendita i beni mobili sottoposti a sequestro se gli stessi non possono essere amministrati senza pericolo di deterioramento o di rilevanti diseconomie. Se i beni mobili sottoposti a sequestro sono privi di valore, improduttivi, oggettivamente inutilizzabili e non alienabili, il tribunale dispone la loro distruzione o demolizione. (¹) 5-quater. I proventi derivanti dalla vendita dei beni di cui al comma 5-ter affluiscono, al netto delle spese sostenute, al Fondo unico giustizia per essere versati all'apposito capitolo di entrata del bilancio dello Stato e riassegnati, nei limiti e con le modalità di cui all'articolo 2, comma 7, del decreto-legge 16 settembre 2008, n. 143, convertito dalla legge 13 novembre 2008, n. 181, nella misura del 50 per cento secondo le destinazioni previste dal predetto articolo 2, comma 7, e per il restante 50 per cento allo stato di previsione della spesa del Ministero dell'interno per le esigenze dell'Agenzia che li destina prioritariamente alle finalità sociali e produttive. (⁵)

5-quinquies. Se il tribunale non provvede alla confisca dei beni di cui al comma 5-ter, dispone la restituzione all'avente diritto dei proventi versati al Fondo unico giustizia in relazione alla vendita dei medesimi beni, oltre agli interessi maturati sui medesimi proventi computati secondo quanto stabilito dal decreto ministeriale 30 luglio 2009, n. 127. (⁵)

(1)   Comma aggiunto dall' art. 1, comma 189, lett. b), L. 24 dicembre 2012, n. 228, a decorrere dal 1° gennaio 2013, e, successivamente, così sostituito dall' art. 14, comma 1, lett. c), L. 17 ottobre 2017, n. 161.
(2)   Comma aggiunto dall' art. 1, comma 189, lett. b), L. 24 dicembre 2012, n. 228, a decorrere dal 1° gennaio 2013, e, successivamente, così modificato dall' art. 11, comma 4-bis, lett. a) e b), D.L. 14 agosto 2013, n. 93, convertito, con modificazioni, dalla L. 15 ottobre 2013, n. 119, e dall' art. 14, comma 1, lett. b), L. 17 ottobre 2017, n. 161.
(3)   Comma così sostituito dall' art. 14, comma 1, lett. a), L. 17 ottobre 2017, n. 161, che ha sostituito gli originari commi 1, 2, 3 e 4 con gli attuali commi 1, 2, 2-bis, 3, 3-bis, 3-ter, 3-quater e 4.
(4)   Comma inserito dall' art. 14, comma 1, lett. a), L. 17 ottobre 2017, n. 161, che ha sostituito gli originari commi 1, 2, 3 e 4 con gli attuali commi 1, 2, 2-bis, 3, 3-bis, 3-ter, 3-quater e 4.
(5)   Comma aggiunto dall' art. 1, comma 189, lett. b), L. 24 dicembre 2012, n. 228, a decorrere dal 1° gennaio 2013.

Art. 41. Gestione delle aziende sequestrate 1. Nel caso in cui il sequestro abbia ad oggetto aziende di cui agli articoli 2555 e seguenti del codice civile, anche per effetto del sequestro avente a oggetto partecipazioni societarie, l'amministratore giudiziario è scelto nella sezione di esperti in gestione aziendale dell'Albo nazionale degli amministratori giudiziari. Dopo la relazione di cui all'articolo 36, comma 1, l'amministratore giudiziario, entro tre mesi dalla sua nomina, prorogabili a sei mesi per giustificati motivi dal giudice delegato, presenta una relazione, che trasmette anche all'Agenzia, contenente:

a)   gli ulteriori dati acquisiti, integrativi di quelli già esposti nella relazione di cui all'articolo 36, comma 1;
b)   l'esposizione della situazione patrimoniale, economica e finanziaria, con lo stato analitico ed estimativo delle attività;
c)   una dettagliata analisi sulla sussistenza di concrete possibilità di prosecuzione o di ripresa dell'attività, tenuto conto del grado di caratterizzazione della stessa con il proposto e i suoi familiari, della natura dell'attività esercitata, delle modalità e dell'ambiente in cui è svolta, della forza lavoro occupata e di quella necessaria per il regolare esercizio dell'impresa, della capacità produttiva e del mercato di riferimento nonché degli oneri correlati al processo di legalizzazione dell'azienda. Nel caso di proposta di prosecuzione o di ripresa dell'attività è allegato un programma contenente la descrizione analitica delle modalità e dei tempi di adempimento della proposta, che deve essere corredato, previa autorizzazione del giudice delegato, della relazione di un professionista in possesso dei requisiti di cui all'articolo 67, terzo comma, lettera d), del regio decreto 16 marzo 1942, n. 267, e successive modificazioni, che attesti la veridicità dei dati aziendali e la fattibilità del programma medesimo,

considerata la possibilità di avvalersi delle agevolazioni e delle misure previste dall'articolo 41-bis del presente decreto; **d)** la stima del valore di mercato dell'azienda, tenuto conto degli oneri correlati al processo di legalizzazione della stessa; **e)** l'indicazione delle attività esercitabili solo con autorizzazioni, concessioni e titoli abilitativi. ([1]) 1-bis. Le disposizioni del comma 4 dell'articolo 36 si applicano anche con riferimento a quanto previsto dalla lettera d) del comma 1 del presente articolo. ([2]) 1-ter. Alla proposta di prosecuzione o di ripresa dell'attività l'amministratore giudiziario allega l'elenco nominativo dei creditori e di coloro che vantano diritti reali o personali, di godimento o di garanzia, sui beni ai sensi dell'articolo 57, comma 1, specificando i crediti che originano dai rapporti di cui all'articolo 56, quelli che sono collegati a rapporti commerciali essenziali per la prosecuzione dell'attività e quelli che riguardano rapporti esauriti, non provati o non funzionali all'attività d'impresa. L'amministratore giudiziario allega altresì l'elenco nominativo delle persone che risultano prestare o avere prestato attività lavorativa in favore dell'impresa, specificando la natura dei rapporti di lavoro esistenti nonché quelli necessari per la prosecuzione dell'attività; riferisce in ordine alla presenza di organizzazioni sindacali all'interno dell'azienda alla data del sequestro e provvede ad acquisire loro eventuali proposte sul programma di prosecuzione o di ripresa dell'attività, che trasmette, con il proprio parere, al giudice delegato. Qualora il sequestro abbia a oggetto partecipazioni societarie che assicurino le maggioranze previste dall'articolo 2359 del codice civile, il tribunale impartisce le direttive sull'eventuale revoca dell'amministratore della società, che può essere nominato, nelle forme previste dal comma 6, nella persona dell'amministratore giudiziario; qualora non sia prevista l'assunzione della qualità di amministratore della società, il tribunale determina le modalità di controllo e di esercizio dei poteri da parte dell'amministratore giudiziario. ([2])

1-quater. L'amministratore giudiziario, previa autorizzazione del giudice delegato, nell'attività di gestione degli immobili e dei beni aziendali, conferisce la manutenzione ordinaria o straordinaria di preferenza alle imprese fornitrici di lavoro, beni e servizi già sequestrate ovvero confiscate. ([2])

1-quinquies. In ogni caso, entro trenta giorni dall'immissione in possesso, l'amministratore giudiziario è autorizzato dal giudice delegato a proseguire l'attività dell'impresa o a sospenderla, con riserva di rivalutare tali determinazioni dopo il deposito della relazione semestrale. Se il giudice autorizza la prosecuzione, conservano efficacia, fino all'approvazione del programma ai sensi del comma 1sexies, le autorizzazioni, le concessioni e i titoli abilitativi necessari allo svolgimento dell'attività, già rilasciati ai titolari delle aziende in stato di sequestro in relazione ai compendi sequestrati. (^{2})

1-sexies. Il tribunale esamina la relazione di cui al comma 1, depositata dall'amministratore giudiziario, in camera di consiglio ai sensi dell'articolo 127 del codice di procedura penale con la partecipazione del pubblico ministero, dei difensori delle parti, dell'Agenzia e dell'amministratore giudiziario, che vengono sentiti se compaiono. Ove rilevi concrete prospettive di prosecuzione o di ripresa dell'attività dell'impresa, il tribunale approva il programma con decreto motivato e impartisce le direttive per la gestione dell'impresa. (^{2})

1-septies. Qualora il sequestro abbia ad oggetto partecipazioni societarie che non assicurino le maggioranze previste dall'articolo 2359 del codice civile, il tribunale impartisce le opportune direttive all'amministratore giudiziario. (^{2})

1-octies. Per le società sottoposte a sequestro ai sensi del presente decreto, le cause di scioglimento per riduzione o perdita del capitale sociale di cui agli articoli 2484, primo comma, numero 4), e 2545duodecies del codice civile non operano dalla data di immissione in possesso sino all'approvazione del programma di prosecuzione o ripresa dell'attività e, per lo stesso periodo, non

si applicano gli articoli 2446, commi secondo e terzo, 2447, 2482-bis, commi quarto, quinto e sesto, e 2482-ter del codice civile. (^{2}) 2. L'amministratore giudiziario provvede agli atti di ordinaria amministrazione funzionali all'attività economica dell'azienda. Il giudice delegato, tenuto conto dell'attività economica svolta dall'azienda, della forza lavoro da essa occupata, della sua capacità produttiva e del suo mercato di riferimento, può con decreto motivato indicare il limite di valore entro il quale gli atti si ritengono di ordinaria amministrazione. L'amministratore giudiziario non può frazionare artatamente le operazioni economiche al fine di evitare il superamento di detta soglia.

2-bis. L'amministratore giudiziario, previa autorizzazione scritta del giudice delegato, può affittare l'azienda o un ramo di azienda, con cessazione di diritto nei casi previsti dal comma 2-ter, primo periodo, del presente articolo in data non successiva alla pronuncia della confisca definitiva. (^{3})

2-ter. L'amministratore giudiziario, previa autorizzazione scritta del giudice delegato, anche su proposta dell'Agenzia, può, in data non successiva alla pronuncia della confisca definitiva, in via prioritaria, affittare l'azienda o un ramo di azienda o concederla in comodato agli enti, associazioni e altri soggetti indicati all'articolo 48, comma 3, lettera c), alle cooperative previste dall'articolo 48, comma 8, lettera a), o agli imprenditori attivi nel medesimo settore o settori affini di cui all'articolo 41-quater. Nel caso in cui sia prevedibile l'applicazione dell'articolo 48, comma 8ter, l'azienda può essere anche concessa in comodato con cessazione di diritto nei casi di cui al periodo precedente e, in deroga al disposto dell'articolo 1808 del codice civile, il comodatario non ha diritto al rimborso delle spese straordinarie, necessarie e urgenti, sostenute per la conservazione della cosa. (³)

3.   Si osservano per la gestione dell'azienda le disposizioni di cui all'articolo 42, in quanto applicabili.

4.   I rapporti giuridici connessi all'amministrazione dell'azienda sono regolati dalle norme del codice civile, ove non espressamente altrimenti disposto.

5.   Se mancano concrete possibilità di prosecuzione o di ripresa dell'attività, il tribunale, acquisito il parere del pubblico ministero, dei difensori delle parti e dell'amministratore giudiziario, dispone la messa in liquidazione dell'impresa. In caso di insolvenza, si applica l'articolo 63, comma 1. (⁴)

6.   Nel caso di sequestro di partecipazioni societarie, l'amministratore giudiziario esercita i poteri che spettano al socio nei limiti della quota sequestrata; provvede, ove necessario e previa autorizzazione del giudice delegato, a convocare l'assemblea per la sostituzione degli amministratori, ad impugnare le delibere

societarie di trasferimento della sede sociale e di trasformazione, fusione, incorporazione o estinzione della società, nonché ad approvare ogni altra modifica dello statuto utile al perseguimento degli scopi dell'impresa in stato di sequestro. (⁵) 6-bis. Con decreto del Ministro della giustizia, di concerto con il Ministro dello sviluppo economico, sono stabilite le modalità semplificate di liquidazione o di cessazione dell'impresa, in particolare qualora sia

priva di beni aziendali. (⁶)

(1)   Comma così sostituito dall' art. 14, comma 2, lett. a), L. 17 ottobre 2017, n. 161.

(2)   Comma inserito dall' art. 14, comma 2, lett. b), L. 17 ottobre 2017, n. 161.

(3)   Comma inserito dall' art. 14, comma 2, lett. c), L. 17 ottobre 2017, n. 161.

(4)   Comma così modificato dall' art. 14, comma 2, lett. d), L. 17 ottobre 2017, n. 161.

(5)   Comma così sostituito dall' art. 14, comma 2, lett. e), L. 17 ottobre 2017, n. 161, che ha sostituito l'originario comma 6 con gli attuali commi 6 e 6-bis.

(6)   Comma aggiunto dall' art. 14, comma 2, lett. e), L. 17 ottobre 2017, n. 161, che ha sostituito l'originario comma 6 con gli attuali commi 6 e 6-bis.

Art. 41-bis. Strumenti finanziari per la gestione e la valorizzazione delle aziende sequestrate e confiscate (¹)

1.   L'accesso alle risorse delle sezioni di cui alle lettere a) e b) del comma 196 dell'articolo 1 della legge 28 dicembre 2015, n. 208, è richiesto dall'amministratore giudiziario, previa autorizzazione del giudice delegato, o

dall'Agenzia, dopo l'adozione dei provvedimenti di prosecuzione o di ripresa dell'attività dell'impresa previsti dall'articolo 41, comma 1-sexies.

2. I crediti derivanti dai finanziamenti erogati dalla sezione di cui alla lettera b) del comma 196 dell'articolo 1 della legge 28 dicembre 2015, n. 208, hanno privilegio sugli immobili, sugli impianti e su ogni loro pertinenza, sui macchinari e sugli utensili dell'impresa, comunque destinati al suo funzionamento ed esercizio.

3. Il privilegio può essere esercitato anche nei confronti dei terzi che abbiano acquistato diritti sugli stessi beni in data successiva alle annotazioni di cui al comma 5. Nell'ipotesi in cui non sia possibile far valere il privilegio nei confronti del terzo acquirente, il privilegio si trasferisce sul corrispettivo.

4. Il privilegio di cui al presente articolo è preferito ad ogni altro titolo di prelazione da qualsiasi causa derivante, anche se preesistente alle annotazioni di cui al comma 5, fatta eccezione per i privilegi per spese di giustizia e per quelli di cui all'articolo 2751-bis del codice civile.

5. Il privilegio è annotato presso gli uffici dei registri immobiliari e gli uffici tavolari competenti in relazione al luogo in cui si trovano i beni e nel registro di cui all'articolo 1524 del codice civile presso il tribunale competente in relazione al luogo ove ha sede l'impresa finanziata.

6. Il tribunale, con il procedimento previsto dall'articolo 41, comma 1-sexies, anche su proposta dell'Agenzia, ove rilevi concrete prospettive di prosecuzione dell'attività dell'azienda sequestrata o confiscata, può impartire le direttive per la sua ammissione alla procedura di amministrazione straordinaria nelle forme e alle condizioni previste dall'articolo 2, comma 1-bis, del decreto legislativo 8 luglio 1999, n. 270. Dopo il provvedimento di confisca emesso dalla corte di appello provvede l'Agenzia.

7. Qualora il sequestro o la confisca riguardino aziende di straordinario interesse socio-economico, tenuto conto della consistenza patrimoniale e del numero degli occupati, o aziende concessionarie pubbliche o che gestiscono pubblici servizi, l'amministratore giudiziario può essere nominato tra gli iscritti nella sezione di esperti in gestione aziendale dell'Albo nazionale degli amministratori giudiziari, indicati dalla società INVITALIA Spa tra i suoi dipendenti. In tal caso l'amministratore giudiziario, dipendente della società INVITALIA Spa, per lo svolgimento dell'incarico non ha diritto ad emolumenti aggiuntivi rispetto al trattamento economico in godimento, ad eccezione del rimborso delle spese di cui all'articolo 35, comma 9. I dipendenti della società INVITALIA Spa che abbiano svolto, nei tre anni antecedenti alla data di entrata in vigore della presente disposizione, attività di gestione diretta di

aziende in crisi possono iscriversi, entro sessanta giorni dalla data di entrata in vigore della presente disposizione, alla sezione dell'Albo di cui all'articolo 3, comma 2, del decreto legislativo 4 febbraio 2010, n. 14. Il dipendente della società INVITALIA Spa, nominato amministratore giudiziario, svolge le proprie funzioni sotto la direzione del giudice delegato, avvalendosi dell'organizzazione della società INVITALIA Spa.

8. Entro trenta giorni dalla data di entrata in vigore della presente disposizione, l'Agenzia, con delibera del Consiglio direttivo, adotta, ai sensi dell'articolo 112, comma 4, lettera d), i criteri per l'individuazione delle aziende sequestrate e confiscate di straordinario interesse socio-economico e per la definizione dei piani di valorizzazione.

(1) Articolo inserito dall' art. 15, comma 1, L. 17 ottobre 2017, n. 161.

Art. 41-ter. Istituzione dei tavoli provinciali permanenti sulle aziende sequestrate e confiscate, presso le prefetture-uffici territoriali del Governo (¹) Istituzione dei tavoli provinciali permanenti sulle aziende sequestrate e confiscate, presso le prefetture-uffici territoriali del Governo (¹)

1. Al fine di favorire il coordinamento tra le istituzioni, le associazioni indicate nell'articolo 48, comma 3, lettera c), le organizzazioni sindacali e le associazioni dei datori di lavoro più rappresentative a livello nazionale, il prefetto può istituire, presso la prefettura-ufficio territoriale del Governo, un tavolo provinciale sulle aziende sequestrate e confiscate, avente il compito di: (²)

a) favorire la continuazione dell'attività produttiva e salvaguardare i livelli occupazionali;

b) dare ausilio all'amministratore giudiziario, sulla base delle direttive impartite dal giudice delegato, e all'Agenzia nella fase dell'amministrazione, della gestione e della destinazione delle aziende;

c) favorire la collaborazione degli operatori economici del territorio con le aziende sequestrate e confiscate nel percorso di emersione alla legalità;

d) promuovere lo scambio di informazioni con gli amministratori giudiziari coinvolti nella gestione delle aziende sequestrate e confiscate, tenendo conto delle disposizioni impartite dal giudice delegato anche al fine di salvaguardare le esigenze del procedimento di confisca;

e) esprimere un parere non vincolante sulle proposte formulate dall'amministratore giudiziario e dall'Agenzia.

2. Il tavolo provinciale permanente, coordinato e convocato dal prefetto o da un suo delegato, è composto da:

a)   un rappresentante dell'Agenzia designato dal Consiglio direttivo e individuato, di regola, nel dirigente della prefettura componente del nucleo di supporto di cui all'articolo 112, comma 3;

b)   un rappresentante del Ministero dello sviluppo economico;

c)   un   rappresentante   della regione, designato dal presidente della Giunta regionale;

d)   un   rappresentante   delle associazioni sindacali comparativamente più rappresentative a livello nazionale, designato dalle medesime secondo criteri di rotazione;

e)   un   rappresentante   delle organizzazioni dei datori di lavoro più rappresentative a livello nazionale designato, ogni quattro mesi, dalle medesime secondo criteri di rotazione;

f)   un rappresentante della sede territorialmente   competente dell'Ispettorato nazionale del lavoro;

g)   un   rappresentante   delle associazioni individuate dall'articolo 48, comma 3, lettera c), designato dalle medesime secondo criteri di rotazione;

h)   un rappresentante della camera di commercio, industria, artigianato e agricoltura.

3.   Il prefetto, ove ne ravvisi l'opportunità,   può   estendere   ai rappresentanti degli enti locali la partecipazione al tavolo.

4.   Il prefetto, su richiesta di una delle associazioni dei datori di lavoro o delle   organizzazioni   sindacali   dei lavoratori più rappresentative sul piano nazionale interessate, può convocare apposite   riunioni   tra   le   medesime associazioni e organizzazioni sindacali e l'amministratore. Le parti sono tenute a operare nel rispetto delle norme in materia di diritto del lavoro e di relazioni sindacali.

5.   Le amministrazioni provvedono all'attuazione del presente articolo con le risorse umane, finanziarie e strumentali disponibili a legislazione vigente. Ai componenti non spetta alcun compenso, indennità,   gettone   di   presenza   o rimborso di spese per la partecipazione ai lavori.

(1)   Articolo inserito dall' art. 16, comma 1, L. 17 ottobre 2017, n. 161.
(2)   Alinea così modificato dall' art. 36, comma 2-bis, D.L. 4 ottobre 2018, n. 113, convertito, con modificazioni, dalla L. 1° dicembre 2018, n. 132.

Art. 41-quater. Supporto delle aziende sequestrate o confiscate [1]

1.   Nella   gestione   dell'azienda l'amministratore giudiziario, sentito il competente   tavolo   provinciale permanente di cui all'articolo 41-ter, previa   autorizzazione   del   giudice delegato, e l'Agenzia possono avvalersi del supporto tecnico, a titolo gratuito, di imprenditori attivi nel medesimo settore o in settori affini a quelli in cui opera l'azienda   sequestrata   o   non definitivamente confiscata, in possesso

dei requisiti previsti dal regolamento di attuazione dell'articolo 5-ter del decreto-legge 24 gennaio 2012, n. 1, convertito, con modificazioni, dalla legge 24 marzo 2012, n. 27, prescindendo dai limiti di fatturato, individuati nel rispetto dei criteri di economicità, efficacia, imparzialità, parità di trattamento, trasparenza, proporzionalità, attraverso procedure ad evidenza pubblica indette dall'amministratore giudiziario, tenendo conto dei progetti di affiancamento dagli stessi presentati e dell'idoneità a fornire il necessario sostegno all'azienda.

2.   L'effettivo e utile svolgimento dell'attività di supporto tecnico di cui al comma 1, risultante dalla relazione dell'amministratore giudiziario, per un periodo non inferiore a dodici mesi determina l'attribuzione agli imprenditori del diritto di prelazione da esercitare, a parità di condizioni, al momento della vendita o dell'affitto dell'azienda, nonché l'applicazione ai medesimi, in quanto compatibili, dei benefici di cui all'articolo 41-bis.

3.   Nella gestione dell'azienda l'amministratore giudiziario, previa autorizzazione scritta del giudice delegato, e l'Agenzia possono altresì avvalersi del supporto tecnico delle camere di commercio, industria, artigianato e agricoltura per favorire il collegamento dell'azienda sequestrata o confiscata in raggruppamenti e in reti d'impresa.

(1) Articolo inserito dall' art. 16, comma 1, L. 17 ottobre 2017, n. 161.

Art. 42. Disciplina delle spese, dei compensi e dei rimborsi

1.   Le spese necessarie o utili per la conservazione e l'amministrazione dei beni sono sostenute dall'amministratore giudiziario mediante prelevamento dalle somme riscosse a qualunque titolo ovvero sequestrate, confiscate o comunque nella disponibilità del procedimento.

2.   Se dalla gestione dei beni sequestrati o confiscati non è ricavabile denaro sufficiente per il pagamento delle spese di cui al comma 1, le stesse sono anticipate dallo Stato, con diritto al recupero nei confronti del titolare del bene in caso di revoca del sequestro o della confisca.

3.   Nel caso sia disposta la confisca dei beni, le somme per il pagamento dei compensi spettanti all'amministratore giudiziario, per il rimborso delle spese sostenute per i coadiutori e quelle di cui all'articolo 35, comma 9, sono inserite nel conto della gestione; qualora la confisca non venga disposta, ovvero le disponibilità del predetto conto non siano sufficienti per provvedere al pagamento delle anzidette spese, le somme occorrenti sono anticipate, in tutto o in parte, dallo Stato, senza diritto al recupero. Se il sequestro o la confisca

sono revocati, le somme suddette sono poste a carico dello Stato.

4. La determinazione dell'ammontare del compenso, la liquidazione dello stesso e del trattamento di cui all'articolo 35, comma 8, nonché il rimborso delle spese sostenute per i coadiutori, sono disposti con decreto motivato del tribunale, su relazione del giudice delegato. Il compenso degli amministratori giudiziari è liquidato sulla base delle tabelle allegate al decreto di cui all'articolo 8 del decreto legislativo 4 febbraio 2010, n. 14.

5. Le liquidazioni e i rimborsi di cui al comma 4 sono fatti prima della redazione del conto finale. In relazione alla durata dell'amministrazione e per gli altri giustificati motivi il tribunale concede, su richiesta dell'amministratore giudiziario e sentito il giudice delegato, acconti sul compenso finale. Il tribunale dispone in merito agli adempimenti richiesti entro cinque giorni dal ricevimento della richiesta.

6. I provvedimenti di liquidazione o di rimborso sono comunicati all'amministratore giudiziario mediante avviso di deposito del decreto in cancelleria e all'Agenzia per via telematica.

7. Entro venti giorni dalla comunicazione dell'avviso, l'amministratore giudiziario può proporre ricorso avverso il provvedimento che ha disposto la liquidazione o il rimborso. La corte d'appello decide sul ricorso in camera di consiglio, previa audizione del ricorrente, entro quindici giorni dal deposito del ricorso. Se il provvedimento impugnato è stato emesso dalla corte d'appello, sul ricorso decide la medesima corte in diversa composizione.

Art. 43. Rendiconto di gestione

1. All'esito della procedura, e comunque dopo i provvedimenti di confisca di primo e di secondo grado, entro sessanta giorni dal deposito di ciascuno dei medesimi provvedimenti, l'amministratore giudiziario presenta al giudice delegato il conto della gestione, tenuto conto dei criteri fissati dall'articolo 37, comma 5. ([1])

2. Il conto della gestione espone in modo completo e analitico le modalità e i risultati della gestione e contiene, tra l'altro, l'indicazione delle somme pagate e riscosse, la descrizione analitica dei cespiti e il saldo finale. Al conto sono essere allegati i documenti giustificativi, le relazioni periodiche sull'amministrazione e il registro delle operazioni effettuate. In caso di irregolarità o di incompletezza, il giudice delegato invita l'amministratore giudiziario ad effettuare, entro il termine indicato, le opportune integrazioni o modifiche.

3. Verificata la regolarità del conto, il giudice delegato ne ordina il deposito in cancelleria, unitamente ai documenti allegati, assegnando in calce allo stesso termine per la presentazione di eventuali

osservazioni e contestazioni. Del deposito è data immediata comunicazione agli interessati, al pubblico ministero e all'Agenzia.

4. Se non sorgono o non permangono contestazioni, che debbono a pena di inammissibilità essere specifiche e riferite a singole voci contabili e non possono in ogni caso avere ad oggetto i criteri e i risultati di gestione, il giudice delegato lo approva; altrimenti fissa l'udienza di comparizione dinanzi al collegio, che in esito a procedimento in camera di consiglio approva il conto o invita l'amministratore giudiziario a sanarne le irregolarità con ordinanza esecutiva, notificata all'interessato e comunicata al pubblico ministero.

5. Avverso l'ordinanza di cui al comma 4 è ammesso ricorso per cassazione entro i dieci giorni dalla notificazione o comunicazione.

5-bis. Dopo il conferimento di cui all'articolo 38, comma 3, l'Agenzia provvede al rendiconto ai sensi dei commi precedenti qualora la confisca venga revocata. In caso di confisca definitiva l'Agenzia trasmette al giudice delegato una relazione sull'amministrazione dei beni, esponendo le somme pagate e riscosse, le spese sostenute e il saldo finale, con l'indicazione dei limiti previsti dall'articolo 53. In tale ultimo caso, il giudice delegato, all'esito degli eventuali chiarimenti richiesti, prende atto della relazione. (²)

(1)   Comma sostituito dall' art. 17, comma 1, lett. a), L. 17 ottobre 2017, n. 161 e, successivamente, così modificato dall' art. 36, comma 2-ter, lett. a), D.L. 4 ottobre 2018, n. 113, convertito, con modificazioni, dalla L. 1° dicembre 2018, n. 132.
(2)   Comma aggiunto dall' art. 17, comma 1, lett. b), L. 17 ottobre 2017, n. 161 e, successivamente, così modificato dall' art. 36, comma 2-ter, lett. b), D.L. 4 ottobre 2018, n. 113, convertito, con modificazioni, dalla L. 1° dicembre 2018, n. 132.

Art. 44. Gestione dei beni confiscati

1. L'Agenzia gestisce i beni confiscati anche in via non definitiva dal decreto di confisca della corte di appello, ai sensi dell'articolo 20 della legge 23 dicembre 1993, n. 559, e, in quanto applicabile, dell'articolo 40 del presente decreto, nonché sulla base degli indirizzi e delle linee guida adottati dal Consiglio direttivo dell'Agenzia medesima ai sensi dell'articolo 112, comma 4, lettera d). Essa provvede al rimborso ed all'anticipazione delle spese, nonché alla liquidazione dei compensi che non trovino copertura nelle risorse della gestione, anche avvalendosi di apposite aperture di credito disposte, a proprio favore, sui fondi dello specifico capitolo istituito nello stato di previsione della spesa del Ministero dell'economia e delle finanze, salva, in ogni caso, l'applicazione della normativa di contabilità generale dello Stato e del decreto del Presidente della Repubblica 20 aprile 1994, n. 367. (¹)

2. L'Agenzia richiede al giudice delegato il nulla osta al compimento degli atti di cui all'articolo 40, comma 3. 2-bis. Per il recupero e la custodia dei veicoli a motore e dei natanti confiscati, l'Agenzia applica le tariffe stabilite con il decreto del Ministro della giustizia, di concerto con il Ministro dell'economia e delle finanze, emanato ai sensi dell'articolo 59 del testo unico di cui al decreto del Presidente della Repubblica 30 maggio 2002, n. 115. Ferme restando le tariffe stabilite dal periodo precedente, l'Agenzia può avvalersi di aziende da essa amministrate operanti nello specifico settore.
(²)

(1)   Comma così modificato dall' art. 17, comma 2, L. 17 ottobre 2017, n. 161.
(2)   Comma aggiunto dall' art. 36, comma 2-quater, D.L. 4 ottobre 2018, n. 113, convertito, con modificazioni, dalla L. 1° dicembre 2018, n. 132.

Capo III - La destinazione dei beni confiscati

Art. 45. Confisca definitiva. Devoluzione allo Stato 1. A seguito della confisca definitiva di prevenzione i beni sono acquisiti al patrimonio dello Stato liberi da oneri e pesi. La tutela dei diritti dei terzi è garantita entro i limiti e nelle forme di cui al titolo IV.
2. Il provvedimento definitivo di confisca è comunicato, dalla cancelleria dell'ufficio giudiziario che ha emesso il provvedimento, all'Agenzia, nonché al prefetto e all'ufficio dell'Agenzia del demanio competenti per territorio in relazione al luogo ove si trovano i beni o ha sede l'azienda confiscata.

Art. 45-bis. Liberazione degli immobili e delle aziende (¹)
1. L'Agenzia, ricevuta la comunicazione del provvedimento definitivo di confisca, qualora l'immobile risulti ancora occupato, con provvedimento revocabile in ogni momento, può differire l'esecuzione dello sgombero o dell'allontanamento nel caso previsto dall'articolo 40, comma 3-ter, ovvero qualora lo ritenga opportuno in vista dei provvedimenti di destinazione da adottare.

(1) Articolo inserito dall' art. 18, comma 1, L. 17 ottobre 2017, n. 161.

Art. 46. Restituzione per equivalente
1. La restituzione dei beni confiscati, ad eccezione dei beni culturali di cui all'articolo 10, comma 3, del codice dei beni culturali e del paesaggio, di cui al decreto legislativo 22 gennaio 2004, n. 42, e successive modificazioni, e degli immobili e delle aree dichiarati di notevole interesse pubblico ai sensi degli articoli 136 e seguenti del medesimo codice, e successive modificazioni,

nell'ambito delle risorse disponibili a legislazione vigente, può avvenire anche per equivalente, al netto delle migliorie, quando i beni medesimi sono stati assegnati per finalità istituzionali o sociali, per fini di giustizia o di ordine pubblico o di protezione civile di cui alle lettere a), b) e c) dell'articolo 48, comma 3, del presente decreto e la restituzione possa pregiudicare l'interesse pubblico. In tal caso l'interessato nei cui confronti venga a qualunque titolo dichiarato il diritto alla restituzione del bene ha diritto alla restituzione di una somma equivalente al valore del bene confiscato come risultante dal rendiconto di gestione, al netto delle migliorie, rivalutato sulla base del tasso di inflazione annua. In caso di beni immobili, si tiene conto dell'eventuale rivalutazione delle rendite catastali. (90)

2. Il comma 1 si applica altresì quando il bene sia stato venduto. (¹)

3. Nei casi di cui ai commi 1 e 2, il tribunale determina il valore del bene e ordina il pagamento della somma, ponendola a carico:

a) del Fondo Unico Giustizia, nel caso in cui il bene sia stato venduto;

b) dell'amministrazione assegnataria, in tutti gli altri casi.

(1) Comma così sostituito dall' art. 18, comma 2, L. 17 ottobre 2017, n. 161.

Art. 47. Procedimento di destinazione

1. La destinazione dei beni immobili e dei beni aziendali è effettuata con delibera del Consiglio direttivo dell'Agenzia, sulla base della stima del valore risultante dalla relazione di cui all'articolo 36, e da altri atti giudiziari, salvo che sia ritenuta necessaria dall'Agenzia una nuova stima.

2. L'Agenzia provvede all'adozione del provvedimento di destinazione entro novanta giorni dal ricevimento della comunicazione di cui all'articolo 45, comma 2, prorogabili di ulteriori novanta giorni in caso di operazioni particolarmente complesse. Nel caso di applicazione delle disposizioni di cui al titolo IV, il provvedimento di destinazione è adottato entro trenta giorni dalla comunicazione del progetto di pagamento effettuata ai sensi dell'articolo 61, comma 4. Anche prima dell'adozione del provvedimento di destinazione, per la tutela dei beni confiscati si applica il secondo comma dell'articolo 823 del codice civile. (¹)

(1) Comma così sostituito dall' art. 18, comma 3, L. 17 ottobre 2017, n. 161.

Art. 48. Destinazione dei beni e delle somme (¹)

1. L'Agenzia versa al Fondo unico giustizia:

a) le somme di denaro confiscate che non debbano essere utilizzate per la gestione di altri beni confiscati o che non debbano essere utilizzate per il risarcimento delle vittime dei reati di tipo mafioso;

b)   le somme ricavate dalla vendita, anche mediante trattativa privata, dei beni mobili, anche registrati, confiscati, compresi i titoli e le partecipazioni societarie, al netto del ricavato della vendita dei beni finalizzata al risarcimento delle vittime dei reati di tipo mafioso. La vendita delle partecipazioni societarie maggioritarie o totalitarie è consentita esclusivamente se la società è priva di beni costituiti in azienda ai sensi degli articoli 2555 e seguenti del codice civile o di beni immobili e, comunque, dopo aver assunto le determinazioni previste dai commi seguenti. In ogni caso la vendita delle partecipazioni societarie viene effettuata con modalità tali da garantire la tutela dei livelli occupazionali preesistenti;

c)   le somme derivanti dal recupero dei crediti personali. Se la procedura di recupero è antieconomica, ovvero, dopo accertamenti sulla solvibilità del debitore svolti anche attraverso gli organi di polizia, il debitore risulti insolvibile, il credito è annullato con provvedimento del direttore dell'Agenzia.

1-bis. L'Agenzia versa il 3 per cento del totale delle somme di cui al comma 1 al fondo integrativo statale per la concessione di borse di studio, di cui all'articolo 18 del decreto legislativo 29 marzo 2012, n. 68.

2. La disposizione del comma 1 non si applica alle somme di denaro e ai proventi derivanti o comunque connessi ai beni aziendali confiscati.

3. I beni immobili sono:

a)   mantenuti al patrimonio dello Stato per finalità di giustizia, di ordine pubblico e di protezione civile e, ove idonei, anche per altri usi governativi o pubblici connessi allo svolgimento delle attività istituzionali di amministrazioni statali, agenzie fiscali, università statali, enti pubblici e istituzioni culturali di rilevante interesse, salvo che si debba procedere alla vendita degli stessi finalizzata al risarcimento delle vittime dei reati di tipo mafioso;

b)   mantenuti nel patrimonio dello Stato e, previa autorizzazione del Ministro dell'interno, utilizzati dall'Agenzia per finalità economiche;

c)   trasferiti per finalità istituzionali o sociali ovvero economiche, con vincolo di reimpiego dei proventi per finalità sociali, in via prioritaria, al patrimonio indisponibile del comune ove l'immobile è sito, ovvero al patrimonio indisponibile della provincia, della città metropolitana o della regione. Gli enti territoriali provvedono a formare un apposito elenco dei beni confiscati ad essi trasferiti, che viene periodicamente aggiornato con cadenza mensile. L'elenco, reso pubblico nel sito internet istituzionale dell'ente, deve contenere i dati concernenti la consistenza, la destinazione e l'utilizzazione dei beni nonché, in caso di assegnazione a terzi, i dati identificativi del concessionario e gli estremi, l'oggetto e la durata dell'atto di concessione. La mancata pubblicazione comporta responsabilità dirigenziale ai sensi dell'articolo 46 del decreto legislativo 14 marzo 2013, n. 33. Gli enti territoriali, anche consorziandosi o attraverso associazioni, possono amministrare direttamente il bene o, sulla base di apposita convenzione, assegnarlo in concessione, a titolo gratuito e nel rispetto dei principi di trasparenza, adeguata pubblicità e parità di trattamento, a comunità, anche giovanili, ad enti, ad associazioni maggiormente rappresentative degli enti locali, ad organizzazioni di volontariato di cui alla legge 11 agosto 1991, n. 266, a cooperative sociali di cui alla legge 8 novembre 1991, n. 381, o a comunità terapeutiche e centri di recupero e cura di tossicodipendenti di cui al testo unico delle leggi in materia di disciplina degli stupefacenti e sostanze psicotrope, prevenzione, cura e riabilitazione dei relativi stati di tossicodipendenza, di cui al decreto del Presidente della Repubblica 9 ottobre 1990, n. 309, nonché alle associazioni di protezione ambientale riconosciute ai sensi dell'articolo 13 della legge 8 luglio 1986, n. 349, e successive modificazioni, ad altre tipologie di cooperative purché a mutualità prevalente, fermo restando il requisito della mancanza dello scopo di lucro, e agli operatori dell'agricoltura

sociale riconosciuti ai sensi delle disposizioni vigenti nonché agli Enti parco nazionali e regionali. La convenzione disciplina la durata, l'uso del bene, le modalità di controllo sulla sua utilizzazione, le cause di risoluzione del rapporto e le modalità del rinnovo. I beni non assegnati a seguito di procedure di evidenza pubblica possono essere utilizzati dagli enti territoriali per finalità di lucro e i relativi proventi devono essere reimpiegati esclusivamente per finalità sociali. Se entro due anni l'ente territoriale non ha provveduto all'assegnazione o all'utilizzazione del bene, l'Agenzia dispone la revoca del trasferimento ovvero la nomina di un commissario con poteri sostitutivi. Alla scadenza di un anno il sindaco invia al Direttore dell'Agenzia una relazione sullo stato della procedura. La destinazione, l'assegnazione e l'utilizzazione dei beni, nonché il reimpiego per finalità sociali dei proventi derivanti dall'utilizzazione per finalità economiche, sono soggetti a pubblicità nei siti internet dell'Agenzia e dell'ente utilizzatore o assegnatario, ai sensi del decreto legislativo 14 marzo 2013, n. 33. L'Agenzia revoca la destinazione del bene qualora l'ente destinatario ovvero il soggetto assegnatario non trasmettano i dati nel termine richiesto; c-bis) assegnati, a titolo gratuito, direttamente dall'Agenzia agli enti o alle associazioni indicati alla lettera c), in deroga a quanto previsto dall'articolo 2 della legge 23 dicembre

2009, n. 191, sulla base di apposita convenzione nel rispetto dei princìpi di trasparenza, adeguata pubblicità e parità di trattamento, ove risulti evidente la loro destinazione sociale secondo criteri stabiliti dal Consiglio direttivo dell'Agenzia;

d)   trasferiti prioritariamente al patrimonio indisponibile dell'ente locale o della regione ove l'immobile è sito, se confiscati per il reato di cui all'articolo 74 del citato testo unico approvato con decreto del Presidente della Repubblica 9 ottobre 1990, n. 309, qualora richiesti per le finalità di cui all'articolo 129 dello stesso decreto del Presidente della Repubblica. Se entro due anni l'ente territoriale destinatario non ha provveduto alla destinazione del bene, l'Agenzia dispone la revoca del trasferimento ovvero la nomina di un commissario con poteri sostitutivi.

4. I proventi derivanti dall'utilizzo dei beni di cui al comma 3, lettera b), affluiscono, al netto delle spese di conservazione ed amministrazione, al Fondo unico giustizia, per essere versati all'apposito capitolo di entrata del bilancio dello Stato e riassegnati allo stato di previsione del Ministero dell'interno al fine di assicurare il potenziamento dell'Agenzia, nonché, per una quota non superiore al 30 per cento, per incrementare i fondi per la contrattazione integrativa anche allo scopo di valorizzare l'apporto del personale dirigenziale e non

dirigenziale al potenziamento dell'efficacia ed efficienza dell'azione dell'Agenzia. La misura della quota annua destinata all'incremento dei fondi per la contrattazione integrativa viene definita con decreto del Ministro dell'interno di concerto con il Ministro dell'economia e delle finanze su proposta dell'Agenzia e l'incremento non può essere superiore al 15 per cento della componente variabile della retribuzione accessoria in godimento da parte del predetto personale.

4-bis. Fermi restando i vincoli connessi al trasferimento nel patrimonio indisponibile dell'ente destinatario, nell'ambito delle finalità istituzionali di cui al comma 3, lettera c), rientra l'impiego degli immobili, tramite procedure ad evidenza pubblica, per incrementare l'offerta di alloggi da cedere in locazione a soggetti in particolare condizione di disagio economico e sociale anche qualora l'ente territoriale ne affidi la gestione all'ente pubblico a ciò preposto.

5. I beni di cui al comma 3, di cui non sia possibile effettuare la destinazione o il trasferimento per le finalità di pubblico interesse ivi contemplate, sono destinati con provvedimento dell'Agenzia alla vendita, osservate, in quanto compatibili, le disposizioni del codice di procedura civile. Qualora l'immobile si trovi nelle condizioni previste per il rilascio del permesso di costruire in sanatoria, l'acquirente

dovrà presentare la relativa domanda entro centoventi giorni dal perfezionamento dell'atto di vendita. L'avviso di vendita è pubblicato nel sito internet dell'Agenzia e dell'avvenuta pubblicazione è data notizia nel sito internet dell'Agenzia del demanio. La vendita è effettuata per un corrispettivo non inferiore a quello determinato dalla stima formulata ai sensi dell'articolo 47. Qualora, entro novanta giorni dalla data di pubblicazione dell'avviso di vendita, non pervengano proposte di acquisto per il corrispettivo indicato al precedente periodo, il prezzo minimo della vendita non può, comunque, essere determinato in misura inferiore all'80 per cento del valore della suddetta stima. Fatto salvo il disposto dei commi 6 e 7 del presente articolo, la vendita è effettuata al miglior offerente, con esclusione del proposto o di colui che risultava proprietario all'atto dell'adozione della misura penale o di prevenzione, se diverso dal proposto, di soggetti condannati, anche in primo grado, o sottoposti ad indagini connesse o pertinenti al reato di associazione mafiosa o a quello di cui all'articolo 416-bis.1 del codice penale, nonché dei relativi coniugi o parti dell'unione civile, parenti e affini entro il terzo grado, nonché persone con essi conviventi. L'Agenzia acquisisce, con le modalità di cui agli articoli 90 e seguenti, l'informazione antimafia,

riferita all'acquirente e agli altri soggetti allo stesso riconducibili, indicati al presente comma, affinché i beni non siano acquistati, anche per interposta persona, da soggetti esclusi ai sensi del periodo che precede, o comunque riconducibili alla criminalità organizzata, ovvero utilizzando proventi di natura illecita. Si applica, in quanto compatibile, il comma 15. I beni immobili acquistati non possono essere alienati, nemmeno parzialmente, per cinque anni dalla data di trascrizione del contratto di vendita e quelli diversi dai fabbricati sono assoggettati alla stessa disciplina prevista per questi ultimi dall'articolo 12 del decretolegge 21 marzo 1978, n. 59, convertito, con modificazioni, dalla legge 18 maggio 1978, n. 191. I beni immobili di valore superiore a 400.000 euro sono alienati secondo le procedure previste dalle norme di contabilità dello Stato.

6. Possono esercitare la prelazione all'acquisto:

a) cooperative edilizie costituite da personale delle
Forze armate o delle Forze di polizia;

b) gli enti pubblici aventi, tra le altre finalità istituzionali, anche quella dell'investimento nel settore immobiliare;

c) le associazioni di categoria che assicurano, nello specifico progetto, maggiori garanzie e utilità per il perseguimento dell'interesse pubblico; d) le fondazioni bancarie; e) gli enti territoriali.

7. La prelazione deve essere esercitata, a pena di decadenza, nei termini stabiliti dall'avviso pubblico di cui al comma 5, salvo recesso qualora la migliore offerta pervenuta non sia ritenuta di interesse.

7-bis. Nell'ambito delle risorse disponibili a legislazione vigente, i beni mobili di terzi rinvenuti in immobili confiscati, qualora non vengano ritirati dal proprietario nel termine di trenta giorni dalla notificazione dell'invito al ritiro da parte dell'Agenzia, sono alienati a cura della stessa Agenzia anche a mezzo dell'istituto vendite giudiziarie, previa delibera del Consiglio direttivo, mediante pubblicazione per quindici giorni consecutivi del relativo avviso di vendita nel proprio sito internet. Ai fini della destinazione dei proventi derivanti dalla vendita dei beni mobili, si applicano le disposizioni di cui al comma 9. Non si procede alla vendita dei beni che, entro dieci giorni dalla diffusione nel sito informatico, siano richiesti dalle amministrazioni statali o dagli enti territoriali come individuati dal presente articolo. In tale caso, l'Agenzia provvede alla loro assegnazione a titolo gratuito ed alla consegna all'amministrazione richiedente, mediante sottoscrizione di apposito verbale. Al secondo esperimento negativo della procedura di vendita, l'Agenzia può procedere all'assegnazione dei beni a titolo gratuito ai soggetti previsti dal comma 3, lettera c), o in via residuale alla loro distruzione.

7-ter. Per la destinazione ai sensi del comma 3 dei beni indivisi, oggetto di provvedimento di confisca, l'Agenzia o il partecipante alla comunione promuove incidente di esecuzione ai sensi dell'articolo 666 del codice di procedura penale. Il tribunale, disposti i necessari accertamenti tecnici, adotta gli opportuni provvedimenti per ottenere la divisione del bene. Qualora il bene risulti indivisibile, i partecipanti in buona fede possono chiedere l'assegnazione dell'immobile oggetto di divisione, previa corresponsione del conguaglio dovuto in favore degli aventi diritto, in conformità al valore determinato dal perito nominato dal tribunale. Quando l'assegnazione è richiesta da più partecipanti alla comunione, si fa luogo alla stessa in favore del partecipante titolare della quota maggiore o anche in favore di più partecipanti, se questi la chiedono congiuntamente. Se non è chiesta l'assegnazione, si fa luogo alla vendita, a cura dell'Agenzia e osservate, in quanto compatibili, le disposizioni del codice di procedura civile o, in alternativa, all'acquisizione del bene per intero al patrimonio dello Stato per le destinazioni di cui al comma 3, e gli altri partecipanti alla comunione hanno diritto alla corresponsione di una somma equivalente al valore determinato dal perito nominato dal tribunale, con salvezza dei diritti dei creditori iscritti e dei cessionari. In caso di acquisizione del bene al patrimonio dello Stato, il tribunale ordina il pagamento delle somme, ponendole a carico del Fondo Unico Giustizia. Qualora il partecipante alla comunione non dimostri la propria buona fede, la relativa quota viene acquisita a titolo gratuito al patrimonio dello Stato ai sensi del primo comma dell'articolo 45.

7-quater. Le modalità di attuazione della disposizione di cui al comma 7-ter, ai sensi della quale, in caso di acquisizione del bene al patrimonio dello Stato, il tribunale ordina il pagamento delle somme, ponendole a carico del Fondo unico giustizia, sono stabilite con decreto del Ministro dell'economia e delle finanze, di concerto con il Ministro della giustizia.

8.   I beni aziendali sono mantenuti al patrimonio dello Stato e destinati, con provvedimento dell'Agenzia che ne disciplina le modalità operative:

all'affitto, quando vi siano fondate prospettive di continuazione o di ripresa dell'attività produttiva, a titolo oneroso, a società e ad imprese pubbliche o private, ovvero in comodato, senza oneri a carico dello Stato, a cooperative di lavoratori dipendenti dell'impresa confiscata. Nella scelta dell'affittuario o del comodatario sono privilegiate le soluzioni che garantiscono il mantenimento dei livelli occupazionali. I beni non possono essere destinati all'affitto e al comodato alle cooperative di lavoratori dipendenti dell'impresa confiscata se taluno dei relativi soci è parente, coniuge, affine o convivente con il destinatario della confisca, ovvero nel caso in cui nei suoi confronti sia stato adottato taluno dei provvedimenti indicati nell'articolo 15, commi 1 e 2, della legge 19 marzo 1990, n. 55;

a)   alla vendita, per un corrispettivo non inferiore a quello determinato dalla stima eseguita dall'Agenzia, a soggetti che ne abbiano fatto richiesta, qualora vi sia una maggiore utilità per l'interesse pubblico o qualora la vendita medesima sia finalizzata al risarcimento delle vittime dei reati di tipo mafioso. Nel caso di vendita disposta alla scadenza del contratto di affitto dei beni, l'affittuario può esercitare il diritto di prelazione entro trenta giorni dalla comunicazione della vendita del bene da parte dell'Agenzia;

b)   alla liquidazione, qualora vi sia una maggiore utilità per l'interesse pubblico o qualora la liquidazione medesima sia finalizzata al risarcimento delle vittime dei reati di tipo mafioso, con le medesime modalità di cui alla lettera b).

c)   8-bis. I beni aziendali di cui al comma 8, ove si tratti di immobili facenti capo a società immobiliari, possono essere altresì trasferiti, per le finalità istituzionali o sociali di cui al comma 3, lettere c) e d), in via prioritaria al patrimonio del comune ove il bene è sito, ovvero al patrimonio della provincia o della regione, qualora tale destinazione non pregiudichi la prosecuzione dell'attività d'impresa o i diritti dei creditori dell'impresa stessa. Con decreto del Ministro dell'economia e delle finanze, di concerto con i Ministri dell'interno e della giustizia, sono determinate le modalità attuative della disposizione di cui al precedente periodo in modo da assicurare un utilizzo efficiente dei suddetti beni senza pregiudizio per le finalità cui sono destinati i relativi proventi e senza nuovi o maggiori oneri per la finanza pubblica. Il trasferimento di cui al primo periodo è disposto, conformemente al decreto di cui al secondo periodo, con apposita delibera dell'Agenzia. 8-ter. Le aziende sono mantenute al patrimonio dello Stato e destinate, senza che ne derivino nuovi o maggiori oneri per la finanza pubblica, con provvedimento dell'Agenzia che ne disciplina le modalità operative, al trasferimento per finalità istituzionali agli enti o alle associazioni individuati, quali assegnatari in concessione, dal comma 3, lettera c), con le modalità ivi previste, qualora si ravvisi un prevalente interesse pubblico, anche con riferimento all'opportunità della prosecuzione dell'attività da parte dei soggetti indicati.

9.   I provvedimenti emanati ai sensi dell'articolo 47 e dei commi 3 e 8 del presente articolo sono immediatamente esecutivi.

10.   I trasferimenti e le cessioni di cui al presente articolo, disposti a titolo gratuito, sono esenti da qualsiasi imposta.

11.   Quando risulti che i beni confiscati dopo l'assegnazione o la destinazione sono rientrati, anche per interposta persona, nella disponibilità o sotto il controllo del soggetto sottoposto al provvedimento di confisca, si può disporre la revoca dell'assegnazione o della destinazione da parte dello stesso organo che ha disposto il relativo provvedimento.

15-bis. L'Agenzia, con delibera del Consiglio direttivo e sentito il Comitato consultivo di indirizzo, può altresì disporre il trasferimento dei medesimi beni al patrimonio degli enti territoriali che ne facciano richiesta, qualora si tratti di beni che gli enti territoriali medesimi già utilizzano a qualsiasi titolo per finalità istituzionali. La delibera del Consiglio direttivo è adottata fatti salvi i diritti dei creditori dell'azienda confiscata.

15-ter. Per la destinazione dei beni immobili confiscati già facenti parte del patrimonio aziendale di società le cui partecipazioni sociali siano state confiscate in via totalitaria o siano comunque tali da assicurare il controllo della società, si applicano le disposizioni di cui al comma 3. L'Agenzia, con delibera del Consiglio direttivo, può dichiarare, tuttavia, la natura aziendale dei predetti immobili, ordinando al conservatore dei registri immobiliari la cancellazione di tutte le trascrizioni pregiudizievoli al fine di assicurare l'intestazione del bene in capo alla medesima società. In caso di vendita di beni aziendali, si applicano le disposizioni di cui al comma 5.

15-quater. I beni di cui al comma 5 che rimangono invenduti, decorsi tre anni dall'avvio della relativa procedura, sono mantenuti al patrimonio dello Stato con provvedimento dell'Agenzia. La relativa gestione è affidata all'Agenzia del demanio.

(1) Articolo così modificato dal D.L. 4 ottobre 2018, n. 113, convertito, con modificazioni, dalla L. 1° dicembre 2018, n. 132.

Art. 49. Regolamento

1.   Con decreto del Ministro della giustizia, di concerto con i Ministri dell'economia e delle finanze, dell'interno e della difesa, è adottato, ai sensi dell'articolo 17, comma 3, della legge 23 agosto 1988, n. 400, un regolamento per disciplinare la raccolta dei dati relativi ai beni sequestrati o confiscati, dei dati concernenti lo stato del procedimento per il sequestro o la confisca e dei dati concernenti la consistenza, la destinazione e la utilizzazione dei beni sequestrati e confiscati, nonché la trasmissione dei medesimi dati all'Agenzia. Il Governo trasmette ogni sei mesi al Parlamento una relazione concernente i dati suddetti.

2.   Il Consiglio di Stato esprime il proprio parere sullo schema di regolamento di cui al comma 1 entro trenta giorni dalla richiesta, decorsi i quali il regolamento può comunque essere adottato.

3.   Le disposizioni di cui agli articoli 45, 47, 48, nonché di cui al presente articolo si applicano anche ai beni per i quali non siano state esaurite le procedure di liquidazione o non sia stato emanato il provvedimento di cui al comma 1 del citato articolo 47.

Capo IV - Regime fiscale dei beni sequestrati o confiscati

Art. 50. Procedure esecutive dei concessionari di riscossione pubblica

1.   Le procedure esecutive, gli atti di pignoramento e i provvedimenti cautelari in corso da parte della società Equitalia Spa o di altri concessionari di riscossione pubblica sono sospesi nelle ipotesi di sequestro di aziende o partecipazioni societarie disposto ai sensi del presente decreto. È conseguentemente sospeso il decorso dei relativi termini di prescrizione.

2.   Nelle ipotesi di confisca dei beni, aziende o partecipazioni societarie sequestrati, i crediti erariali si estinguono per confusione ai sensi dell'articolo 1253 del codice civile. Entro i limiti degli importi dei debiti che si estinguono per confusione, non si applicano le

disposizioni di cui all'articolo 31, comma 1, del decreto-legge 31 maggio 2010, n. 78, convertito, con modificazioni, dalla legge 30 luglio 2010, n. 122.

Art. 51. Regime-fiscale e degli oneri economici (¹) 1. I redditi derivanti dai beni sequestrati continuano ad essere assoggettati a tassazione con riferimento alle categorie di reddito previste dall'articolo 6 del testo unico delle Imposte sui Redditi approvato con decreto del Presidente della Repubblica 22 dicembre 1986, n. 917 con le medesime modalità applicate prima del sequestro.

2. Se il sequestro si protrae oltre il periodo d'imposta in cui ha avuto inizio, il reddito derivante dai beni sequestrati relativo alla residua frazione di tale periodo e a ciascun successivo periodo intermedio è determinato ai fini fiscali in via provvisoria dall'amministratore giudiziario, che è tenuto, nei termini ordinari, al versamento delle relative imposte, nonché agli adempimenti dichiarativi e, ove ricorrano, agli obblighi contabili e a quelli previsti a carico del sostituto d'imposta di cui al decreto del Presidente della Repubblica 29 settembre 1973, n. 600. (⁴) 3. In caso di confisca la tassazione operata in via provvisoria si considera definitiva. In caso di revoca del sequestro l'Agenzia delle Entrate effettua la liquidazione definitiva delle imposte sui redditi calcolate in via provvisoria nei confronti del soggetto sottoposto alla misura cautelare. 3-bis. Durante la vigenza dei provvedimenti di sequestro e confisca e, comunque, fino alla assegnazione o destinazione dei beni a cui si riferiscono, è sospeso il versamento di imposte, tasse e tributi dovuti con riferimento agli immobili oggetto di sequestro il cui presupposto impositivo consista nella titolarità del diritto di proprietà o nel possesso degli stessi. Gli atti e i contratti relativi agli immobili di cui al precedente periodo sono esenti dall'imposta di registro di cui al decreto del Presidente della Repubblica 26 aprile 1986, n. 131, dalle imposte ipotecarie e catastale di cui al decreto legislativo 31 ottobre 1990, n. 347, e dall'imposta di bollo di cui al decreto del Presidente della Repubblica 26 ottobre 1972, n. 642. Durante la vigenza dei provvedimenti di sequestro e confisca e, comunque fino alla loro assegnazione o destinazione, non rilevano, ai fini della determinazione delle imposte sui redditi, i redditi prodotti dai beni immobili oggetto di sequestro situati nel territorio dello Stato e dai beni immobili situati all'estero, anche se locati, quando determinati secondo le disposizioni del capo II del titolo I e dell'articolo 70 del testo unico delle imposte sui redditi di cui al decreto del Presidente della Repubblica 22 dicembre 1986, n. 917. I medesimi redditi non rilevano, altresì, nell'ipotesi di cui all'articolo 90, comma 1, quarto e quinto periodo, del medesimo testo unico. Se la

confisca è revocata, l'amministratore giudiziario ne dà comunicazione all'Agenzia delle entrate e agli altri enti competenti che provvedono alla liquidazione delle imposte, tasse e tributi, dovuti per il periodo di durata dell'amministrazione giudiziaria, in capo al soggetto cui i beni sono stati restituiti. [3]

3-ter. 3-ter. Ai fini del perseguimento delle proprie finalità istituzionali, l'Agenzia può richiedere, senza oneri, i provvedimenti di sanatoria, consentiti dalle vigenti disposizioni di legge delle opere realizzate sui beni immobili che siano stati oggetto di confisca definitiva. [2]

(1) Rubrica così sostituita dall' art. 1, comma 189, lett. d), n. 1), L. 24 dicembre 2012, n. 228, a decorrere dal 1° gennaio 2013.

(2) Comma aggiunto dall' art. 1, comma 189, lett. d), n. 2), L. 24 dicembre 2012, n. 228 e, successivamente, così modificato dall' art. 36, comma 3-bis, D.L. 4 ottobre 2018, n. 113, convertito, con modificazioni, dalla L. 1° dicembre 2018, n. 132.

(3) Comma aggiunto dall' art. 1, comma 189, lett. d), n. 2), L. 24

dicembre 2012, n. 228, a decorrere dal 1° gennaio 2013, e, successivamente, così sostituito dall' art. 32, comma 1, D.Lgs. 21 novembre 2014, n. 175, a decorrere dal 1° gennaio 2014.

(4) Comma così sostituito dall' art. 19, comma 1, L. 17 ottobre 2017,

n. 161.

Art. 51-bis Iscrizione di provvedimenti al registro delle imprese [1]

1. Il decreto di sequestro di cui all'articolo 20, il decreto di confisca di cui all'articolo 24, i provvedimenti di cui agli articoli 34 e 34-bis, la nomina dell'amministratore giudiziario ai sensi dell'articolo 41, il provvedimento di cui all'articolo 45, nonché tutti i provvedimenti giudiziari di cui al presente decreto comunque denominati, relativi ad imprese, a società o a quote delle stesse, sono iscritti al registro delle imprese, su istanza della cancelleria, entro il giorno successivo al deposito in cancelleria, con le modalità individuate dal regolamento emanato ai sensi dell'articolo 8, comma 6-bis, della legge 29 dicembre 1993, n. 580. Nelle more dell'emanazione del regolamento di cui al periodo precedente si applica l'articolo 8, comma 6-ter, della citata legge n. 580 del 1993.

(1) Articolo inserito dall' art. 36-bis, comma 1, D.L. 4 ottobre 2018, n.

113, convertito, con modificazioni, dalla L. 1° dicembre 2018, n. 132.

Titolo IV - La tutela dei terzi e i rapporti con le procedure concorsuali

Capo I - Disposizioni generali

Art. 52. Diritti dei terzi

1. La confisca non pregiudica i diritti di credito dei terzi che risultano da atti

aventi data certa anteriore al sequestro, nonché i diritti reali di garanzia costituiti in epoca anteriore al sequestro, ove ricorrano le seguenti condizioni:

a) che il proposto non disponga di altri beni sui quali esercitare la garanzia patrimoniale idonea al soddisfacimento del credito, salvo che per i crediti assistiti da cause legittime di prelazione su beni sequestrati; ([2])

b) che il credito non sia strumentale all'attività illecita o a quella che ne costituisce il frutto o il reimpiego, sempre che il creditore dimostri la buona fede e l'inconsapevole affidamento; ([2])

c) nel caso di promessa di pagamento o di ricognizione di debito, che sia provato il rapporto fondamentale;

d) nel caso di titoli di credito, che il portatore provi il rapporto fondamentale e quello che ne legittima il possesso.

2. I crediti di cui al comma 1 devono essere accertati secondo le disposizioni contenute negli articoli 57, 58 e 59 e concorrono al riparto sul valore dei beni o dei compendi aziendali ai quali si riferiscono in base alle risultanze della contabilità separata di cui all'articolo 37, comma 5. ([3])

2-bis. Gli interessi convenzionali, moratori e a qualunque altro titolo dovuti sui crediti di cui al comma 1 sono riconosciuti, nel loro complesso, nella misura massima comunque non superiore al tasso calcolato e pubblicato dalla Banca d'Italia sulla base di un paniere composto dai buoni del tesoro poliennali quotati sul mercato obbligazionario telematico (RENDISTATO). ([1])

3. Nella valutazione della buona fede, il tribunale tiene conto delle condizioni delle parti, dei rapporti personali e patrimoniali tra le stesse e del tipo di attività svolta dal creditore, anche con riferimento al ramo di attività, alla sussistenza di particolari obblighi di diligenza nella fase precontrattuale nonché, in caso di enti, alle dimensioni degli stessi.

3-bis. Il decreto con cui sia stata rigettata definitivamente la domanda di ammissione del credito, presentata ai sensi dell'articolo 58, comma 2, in ragione del mancato riconoscimento della buona fede nella concessione del credito, proposta da soggetto sottoposto alla vigilanza della Banca d'Italia, è comunicato a quest'ultima ai sensi dell'articolo 9 del decreto legislativo 21 novembre 2007, n. 231, e successive modificazioni. ([4])

4. La confisca definitiva di un bene determina lo scioglimento dei contratti aventi ad oggetto un diritto personale di godimento o un diritto reale di garanzia, nonché l'estinzione dei diritti reali di godimento sui beni stessi. ([5])

5. Ai titolari dei diritti di cui al comma 4, spetta in prededuzione un equo indennizzo commisurato alla durata residua del contratto o alla durata del diritto reale. Se il diritto reale si estingue con la morte del titolare, la durata residua del diritto è calcolata alla stregua della durata media della vita determinata sulla base di parametri statistici. Le modalità di calcolo dell'indennizzo sono stabilite con decreto da emanarsi dal Ministro dell'economia e delle finanze e del Ministro della giustizia entro centoottanta giorni dall'entrata in vigore del presente decreto.

6. Se sono confiscati beni di cui viene dichiarata l'intestazione o il trasferimento fittizio, i creditori del proposto sono preferiti ai creditori chirografari in buona fede dell'intestatario fittizio, se il loro credito è anteriore all'atto di intestazione fittizia.

[7. In caso di confisca di beni in comunione, se il bene è indivisibile, ai partecipanti in buona fede è concesso diritto di prelazione per l'acquisto della quota confiscata al valore di mercato, salvo che sussista la possibilità che il bene, in ragione del livello di infiltrazione criminale, possa tornare anche per interposta persona nella disponibilità del sottoposto, di taluna delle associazioni di cui all'articolo 416-bis c.p., o dei suoi appartenenti. Si applicano le disposizioni di cui all'articolo 48, comma 5, sesto e settimo periodo.] (⁶)

[8. Se i soggetti di cui al comma 7 non esercitano il diritto di prelazione o non si possa procedere alla vendita, il bene può essere acquisito per intero al patrimonio dello Stato al fine di soddisfare un concreto interesse pubblico e i partecipanti hanno diritto alla corresponsione di una somma equivalente al valore attuale della propria quota di proprietà, nell'ambito delle risorse disponibili a legislazione vigente.] (⁶)

9. Per i beni appartenenti al demanio culturale, ai sensi degli articoli 53 e seguenti del decreto legislativo 22 gennaio 2004, n. 42, la vendita non può essere disposta senza previa autorizzazione del Ministero per i beni e le attività culturali.

(1) Comma inserito dall' art. 1, comma 443, lett. a), L. 27 dicembre 2013, n. 147, a decorrere dal 1° gennaio 2014.
(2) Lettera così sostituita dall' art. 20, comma 1, lett. a), L. 17 ottobre 2017, n. 161.
(3) Comma così sostituito dall' art. 20, comma 1, lett. b), L. 17 ottobre 2017, n. 161.
(4) Comma inserito dall' art. 20, comma 1, lett. c), L. 17 ottobre 2017, n. 161.
(5) Comma così sostituito dall' art. 20, comma 1, lett. d), L. 17 ottobre 2017, n. 161.
(6) Comma abrogato dall' art. 38, comma 3, D.L. 4 ottobre 2018, n. 113, convertito, con modificazioni, dalla L. 1° dicembre 2018, n. 132.

Art. 53. Limite della garanzia patrimoniale

(¹) 1. I crediti per titolo anteriore al sequestro, verificati ai sensi delle disposizioni di cui al capo II, sono soddisfatti dallo Stato nel limite del 60 per cento del valore dei beni sequestrati o confiscati, risultante dal valore di stima o dalla minor somma eventualmente ricavata dalla vendita degli stessi, al netto delle spese del procedimento di confisca nonché di amministrazione dei beni sequestrati e di quelle sostenute nel procedimento di cui agli articoli da 57 a 61.

(1) Articolo modificato dall' art. 1, comma 443, lett. b), L. 27 dicembre 2013, n. 147, a decorrere dal 1° gennaio 2014, e, successivamente, così sostituito dall' art. 20, comma 2, L. 17 ottobre 2017, n. 161.

Art. 54. Pagamento di crediti prededucibili

1.   I crediti prededucibili sorti nel corso del procedimento di prevenzione che sono liquidi, esigibili e non contestati, non debbono essere accertati secondo le modalità previste dagli articoli 57, 58 e 59, e possono essere soddisfatti, in tutto o in parte, al di fuori del piano di riparto, previa autorizzazione del giudice delegato.

2.   Se l'attivo è sufficiente e il pagamento non compromette la gestione, al pagamento di cui al comma 1 provvede l'amministratore giudiziario mediante prelievo dalle somme disponibili. In caso contrario, il pagamento è anticipato dallo Stato. Tuttavia, se la confisca ha ad oggetto beni organizzati in azienda e il tribunale ha autorizzato la prosecuzione dell'attività, la distribuzione avviene mediante prelievo delle somme disponibili secondo criteri di graduazione e proporzionalità, conformemente all'ordine assegnato dalla legge.

3.   Il giudice delegato, con il decreto di autorizzazione di cui al comma 1, indica il soggetto tenuto al pagamento del credito prededucibile.

Art. 54-bis. Pagamento di debiti anteriori al sequestro ([1])

1.   L'amministratore giudiziario può chiedere al giudice delegato di essere autorizzato al pagamento, anche parziale o rateale, dei crediti per prestazioni di beni o servizi, sorti anteriormente al provvedimento di sequestro, nei casi in cui tali prestazioni siano collegate a rapporti commerciali essenziali per la prosecuzione dell'attività.

2.   Nel programma di prosecuzione o ripresa dell'attività di cui all'articolo 41, il tribunale può autorizzare l'amministratore giudiziario a rinegoziare le esposizioni debitorie dell'impresa e a provvedere ai conseguenti pagamenti.

(1) Articolo inserito dall' art. 20, comma 3, L. 17 ottobre 2017, n. 161.

Art. 55. Azioni esecutive

1.   A seguito del sequestro non possono essere iniziate o proseguite azioni esecutive. I beni già oggetto di esecuzione sono presi in consegna dall'amministratore giudiziario.

2.   Le procedure esecutive già pendenti sono sospese sino alla conclusione del procedimento di prevenzione. Le procedure esecutive si

estinguono in relazione ai beni per i quali interviene un provvedimento definitivo di confisca. In caso di dissequestro, la procedura esecutiva deve essere iniziata o riassunta entro il termine di un anno dall'irrevocabilità del provvedimento che ha disposto la restituzione del bene. (¹)

3. Se il sequestro riguarda beni oggetto di domande giudiziali precedentemente trascritte, aventi ad oggetto il diritto di proprietà ovvero diritti reali o personali di godimento o di garanzia sul bene, il terzo, che sia parte del giudizio, è chiamato ad intervenire nel procedimento di prevenzione ai sensi degli articoli 23 e 57; il giudizio civile è sospeso sino alla conclusione del procedimento di prevenzione. (¹) 4. In caso di revoca definitiva del sequestro o della confisca per motivi diversi dalla pretesa originariamente fatta valere in sede civile dal terzo chiamato ad intervenire, il giudizio civile deve essere riassunto entro un anno dalla revoca.

(1) Comma così sostituito dall' art. 20, comma 4, L. 17 ottobre 2017, n. 161.

Art. 56. Rapporti pendenti

1. Se al momento dell'esecuzione del sequestro un contratto relativo all'azienda sequestrata o stipulato dal proposto in relazione al bene in stato di sequestro deve essere in tutto o in parte ancora eseguito, l'esecuzione del contratto rimane sospesa fino a quando l'amministratore giudiziario, previa autorizzazione del giudice delegato, dichiara di subentrare nel contratto in luogo del proposto, assumendo tutti i relativi obblighi, ovvero di risolvere il contratto, salvo che, nei contratti ad effetti reali, sia già avvenuto il trasferimento del diritto. La dichiarazione dell'amministratore giudiziario deve essere resa nei termini e nelle forme di cui all'articolo 41, commi 1-bis e 1-ter, e, in ogni caso, entro sei mesi dall'immissione nel possesso. (¹)

2. Il contraente può mettere in mora l'amministratore giudiziario, facendosi assegnare dal giudice delegato un termine non superiore a sessanta giorni, decorso il quale il contratto si intende risolto.

3. Se dalla sospensione di cui al comma 1 può derivare un danno grave al bene o all'azienda, il giudice delegato autorizza, entro trenta giorni dall'esecuzione del sequestro, la provvisoria esecuzione dei rapporti pendenti. L'autorizzazione perde efficacia a seguito della dichiarazione prevista dal comma 1.

4. La risoluzione del contratto in forza di provvedimento del giudice delegato fa salvo il diritto al risarcimento del danno nei soli confronti del proposto e il contraente ha diritto di far valere nel passivo il credito conseguente al mancato adempimento secondo le disposizioni previste al capo II del presente titolo. (²)

5.   In caso di scioglimento del contratto preliminare di vendita immobiliare, trascritto ai sensi dell'articolo 2645-bis del codice civile, l'acquirente ha diritto di far valere il proprio credito secondo le disposizioni del capo II del presente titolo e gode del privilegio previsto nell'articolo 2775-bis del codice civile a condizione che gli effetti della trascrizione del contratto preliminare non siano cessati anteriormente alla data del sequestro. Al promissario acquirente non è dovuto alcun risarcimento o indennizzo.

(1) Comma così sostituito dall' art. 20, comma 5, lett. a), L. 17 ottobre 2017, n. 161.
(2) Comma così sostituito dall' art. 20, comma 5, lett. b), L. 17
ottobre 2017, n. 161.

Capo II - Accertamento dei diritti dei terzi

Art. 57. Elenco dei crediti. Fissazione dell'udienza di verifica dei crediti

1.   L'amministratore giudiziario allega alle relazioni da presentare al giudice delegato l'elenco nominativo di tutti i creditori anteriori al sequestro, ivi compresi quelli di cui all'articolo 54-bis, l'indicazione dei crediti e delle rispettive scadenze e l'elenco nominativo di coloro che vantano diritti reali di godimento o garanzia o diritti personali sui beni, con l'indicazione delle cose stesse e del titolo da cui sorge il diritto. [1]

2.   Il giudice delegato, dopo il deposito del decreto di confisca di primo grado, assegna ai creditori un termine perentorio, non superiore a sessanta giorni, per il deposito delle istanze di accertamento dei rispettivi diritti e fissa la data dell'udienza di verifica dei crediti entro i sessanta giorni successivi. Il decreto è immediatamente notificato agli interessati, a cura dell'amministratore giudiziario. [1]

3.   Il giudice delegato fissa per l'esame delle domande tardive di cui all'articolo 58, comma 6, un'udienza ogni sei mesi, salvo che sussistano motivi d'urgenza.

(1) Comma così sostituito dall' art. 21, comma 1, L. 17 ottobre 2017, n. 161.

Art. 58. Domanda del creditore

1. I creditori di cui all'articolo 52 presentano al giudice domanda di ammissione del credito.
2. La domanda di cui al comma 1 contiene:
a) le generalità del creditore;
b) la determinazione del credito di cui si chiede l'ammissione allo stato passivo ovvero la descrizione del bene su cui si vantano diritti;
c) l'esposizione dei fatti e degli elementi di diritto che costituiscono la ragione

della domanda, con i relativi documenti giustificativi;

d) l'eventuale indicazione del titolo di prelazione, nonché la descrizione del bene sul quale la prelazione si esercita, se questa ha carattere speciale.

3. Il creditore elegge domicilio nel comune in cui ha sede il tribunale procedente. È facoltà del creditore indicare, quale modalità di notificazione e di comunicazione, la trasmissione per posta elettronica o per telefax ed è onere dello stesso comunicare alla procedura ogni variazione del domicilio o delle predette modalità; in difetto, tutte le notificazioni e le comunicazioni sono eseguite mediante deposito in cancelleria.

4. La domanda non interrompe la prescrizione né impedisce la maturazione di termini di decadenza nei rapporti tra il creditore e l'indiziato o il terzo intestatario dei beni.

5. La domanda è depositata, a pena di decadenza, entro il termine di cui all'articolo 57, comma 2. Successivamente, e comunque non oltre il termine di un anno dal deposito del decreto di esecutività dello stato passivo, le domande relative ad ulteriori crediti sono ammesse solo ove il creditore provi, a pena di inammissibilità della richiesta, di non aver potuto presentare la domanda tempestivamente per causa a lui non imputabile. Al procedimento si applica l'articolo 59. ([1])

5-bis. L'amministratore giudiziario esamina le domande e redige un progetto di stato passivo rassegnando le proprie motivate conclusioni sull'ammissione o sull'esclusione di ciascuna domanda. ([2])

5-ter. L'amministratore giudiziario deposita il progetto di stato passivo almeno venti giorni prima dell'udienza fissata per la verifica dei crediti. I creditori e i titolari dei diritti sui beni oggetto di confisca possono presentare osservazioni scritte e depositare documentazioni aggiuntive, a pena di decadenza, fino a cinque giorni prima dell'udienza. ([2])

(1) *Comma così sostituito dall' art. 21, comma 2, L. 17 ottobre 2017, n. 161, che ha sostituito l'originario comma 5 con gli attuali commi 5, 5-bis e 5-ter.*

(2) *Comma aggiunto dall' art. 21, comma 2, L. 17 ottobre 2017, n. 161, che ha sostituito l'originario comma 5 con gli attuali commi 5, 5-bis e 5-ter.*

Art. 59. Verifica dei crediti. Composizione dello stato passivo

1. All'udienza fissata per la verifica dei crediti il giudice delegato, con l'assistenza dell'amministratore giudiziario e con la partecipazione facoltativa del pubblico ministero, assunte anche d'ufficio le opportune informazioni, verifica le domande, indicando distintamente i crediti che ritiene di ammettere, con indicazione

delle eventuali cause di prelazione, e quelli che ritiene di non ammettere, in tutto o in parte, esponendo succintamente i motivi dell'esclusione. ([1])

2. All'udienza di verifica gli interessati possono farsi assistere da un difensore. L'Agenzia può sempre partecipare per il tramite di un proprio rappresentante, nonché depositare atti e documenti.

3. Terminato l'esame di tutte le domande, il giudice delegato forma lo stato passivo e lo rende esecutivo con decreto depositato in cancelleria e comunicato all'Agenzia. Del deposito l'amministratore giudiziario dà notizia agli interessati non presenti a mezzo di raccomandata con avviso di ricevimento. Nel caso previsto dall'articolo 58, comma 3, secondo periodo, la comunicazione può essere eseguita per posta elettronica o per telefax.

4. I provvedimenti di ammissione e di esclusione dei crediti producono effetti solo nei confronti dell'Erario.

5. Gli errori materiali contenuti nello stato passivo sono corretti con decreto del giudice delegato su istanza dell'amministratore giudiziario o del creditore, sentito il pubblico ministero, l'amministratore giudiziario e la parte interessata.

6. Entro trenta giorni dalla comunicazione di cui al comma 3, i creditori esclusi possono proporre opposizione mediante ricorso al tribunale che ha applicato la misura di prevenzione. Ciascun creditore può impugnare nello stesso termine e con le stesse modalità i crediti ammessi, ivi compresi quelli di cui all'articolo 54-bis. ([2])

7. Il tribunale tratta in modo congiunto le opposizioni e le impugnazioni fissando un'apposita udienza in camera di consiglio, della quale l'amministratore giudiziario dà comunicazione agli interessati. 8. All'udienza ciascuna parte può svolgere, con l'assistenza del difensore, le proprie deduzioni e produrre documenti nuovi solo se prova di non esserne venuta in possesso tempestivamente per causa alla parte stessa non imputabile. ([3])

9. All'esito il tribunale decide con decreto ricorribile per cassazione nel termine di trenta giorni dalla sua notificazione. ([3])

[10. Anche dopo la confisca definitiva, se sono state presentate domande di ammissione del credito ai sensi dell'articolo 57, il procedimento giurisdizionale per la verifica e il riparto dei crediti prosegue dianzi al tribunale che ha applicato la misura di prevenzione. ([4])]

(1) *Comma così sostituito dall' art. 21, comma 3, lett. a), L. 17 ottobre 2017, n. 161.*
(2) *Comma così sostituito dall' art. 21, comma 3, lett. b), L. 17 ottobre 2017, n. 161.*
(3) *Comma così sostituito dall' art. 21, comma 3, lett. c), L. 17 ottobre 2017, n. 161.*
(4) *Comma abrogato dall' art. 21, comma 3, lett. d), L. 17 ottobre 2017, n. 161.*

Art. 60. Liquidazione dei beni

1. Dopo l'irrevocabilità del provvedimento di confisca, l'Agenzia procede al pagamento dei creditori ammessi al passivo in ragione delle distinte masse nonché dell'ordine dei privilegi e delle cause legittime di prelazione sui beni trasferiti al patrimonio dello Stato. L'Agenzia, ove le somme apprese, riscosse o comunque ricevute non siano sufficienti a soddisfare i creditori utilmente collocati al passivo, procede alla liquidazione dei beni mobili, delle aziende o rami d'azienda e degli immobili. Ove ritenga che dalla redditività dei beni si possano conseguire risorse necessarie al pagamento dei crediti, l'Agenzia può ritardare la vendita degli stessi non oltre un anno dall'irrevocabilità del provvedimento di confisca. (130) 2. Le vendite sono effettuate dall'Agenzia con procedure competitive sulla base del valore di stima risultante dalle relazioni di cui agli articoli 36 e 41, comma 1, o utilizzando stime effettuate da parte di esperti. (¹)

3. Con adeguate forme di pubblicità, sono assicurate, nell'individuazione dell'acquirente, la massima informazione e partecipazione degli interessati. La vendita è conclusa previa acquisizione del parere ed assunte le informazioni di cui all'articolo 48, comma 5, ultimo periodo.

4. L'Agenzia può sospendere la vendita non ancora conclusa ove pervenga offerta irrevocabile d'acquisto migliorativa per un importo non inferiore al 10 per cento del prezzo offerto. (²)

[5. L'amministratore giudiziario informa il giudice delegato dell'esito della vendita, depositando la relativa documentazione. (³)]

---

(1) *Comma così sostituito dall' art. 21, comma 4, lett. a), L. 17 ottobre 2017, n. 161.*

(2) *Comma così sostituito dall' art. 21, comma 4, lett. b), L. 17 ottobre 2017, n. 161.*

(3) *Comma abrogato dall' art. 21, comma 4, lett. c), L. 17 ottobre 2017, n. 161.*

Art. 61. Progetto e piano di pagamento dei crediti

1. Dopo l'irrevocabilità del provvedimento di confisca l'Agenzia redige il progetto di pagamento dei crediti. Il progetto contiene l'elenco dei crediti utilmente collocati al passivo, con le relative cause di prelazione, nonché l'indicazione degli importi da corrispondere a ciascun creditore. (¹)

2. I crediti, nei limiti previsti dall'articolo 53, sono soddisfatti nel seguente ordine: 1) pagamento dei crediti prededucibili; 2) pagamento dei crediti ammessi con prelazione sui beni confiscati, secondo l'ordine assegnato dalla legge; 3) pagamento dei creditori chirografari, in proporzione dell'ammontare del credito per cui ciascuno di essi è stato ammesso, compresi i creditori indicati al n. 2), per la parte per cui sono rimasti insoddisfatti sul valore dei beni oggetto della garanzia.

3. Sono considerati debiti prededucibili quelli così qualificati da una specifica disposizione di legge, e quelli sorti in occasione o in funzione del procedimento di prevenzione, incluse le somme anticipate dallo Stato ai sensi dell'articolo 42.

4. L'Agenzia, predisposto il progetto di pagamento, ne ordina il deposito disponendo che dello stesso sia data comunicazione a tutti i creditori. (²)

5. Entro dieci giorni dalla comunicazione di cui al comma 4 i creditori possono presentare osservazioni sulla graduazione e sulla collocazione dei crediti, nonché sul valore dei beni o delle aziende confiscati.

6. L'Agenzia, decorso il termine di cui al comma 5, tenuto conto delle osservazioni ove pervenute, determina il piano di pagamento. (³)

7. Entro dieci giorni dalla comunicazione del piano di pagamento, i creditori possono proporre opposizione dinanzi alla sezione civile della corte di appello del distretto della sezione specializzata o del giudice penale competente ad adottare il provvedimento di confisca. Si procede in camera di consiglio e si applicano gli articoli 702-bis e seguenti del codice di procedura civile. Le somme contestate sono accantonate. Ove non sia possibile procedere all'accantonamento, i pagamenti sono sospesi fino alla decisione sull'opposizione. (³)

8. Divenuto definitivo il piano di pagamento, l'Agenzia procede ai pagamenti dovuti entro i limiti di cui all'articolo 53. (⁴)

9. I pagamenti effettuati in esecuzione dei piani di pagamento non possono essere ripetuti, salvo il caso dell'accoglimento di domande di revocazione.

10. I creditori che hanno percepito pagamenti non dovuti, devono restituire le somme riscosse, oltre agli interessi legali dal momento del pagamento effettuato a loro favore. In caso di mancata restituzione, le somme sono pignorate secondo le forme stabilite per i beni mobili dal codice di procedura civile.

(1) Comma così sostituito dall' art. 21, comma 5, lett. a), L. 17 ottobre 2017, n. 161.

(2) Comma così sostituito dall' art. 21, comma 5, lett. b), L. 17 ottobre 2017, n. 161.

(3) Comma così sostituito dall' art. 21, comma 5, lett. c), L. 17 ottobre 2017, n. 161.

(4) Comma così sostituito dall' art. 21, comma 5, lett. d), L. 17

ottobre 2017, n. 161.

Art. 62. Revocazione

1. Il pubblico ministero, l'amministratore giudiziario e l'Agenzia possono in ogni tempo chiedere la revocazione del provvedimento di ammissione del credito al passivo quando emerga che esso è stato determinato da falsità, dolo, errore essenziale di fatto o dalla mancata

conoscenza di documenti decisivi che non sono stati prodotti tempestivamente per causa non imputabile al ricorrente. La revocazione è proposta dinanzi al tribunale della prevenzione nei confronti del creditore la cui domanda è stata accolta. Se la domanda è accolta, si applica l'articolo 61, comma 10.

Capo III - Rapporti con le procedure concorsuali

Art. 63. Dichiarazione di fallimento successiva al sequestro

1.   Salva l'iniziativa per la dichiarazione di fallimento assunta dal debitore o da uno o più creditori, il pubblico ministero, anche su segnalazione dell'amministratore giudiziario che ne rilevi i presupposti, chiede al tribunale competente che venga dichiarato il fallimento dell'imprenditore i cui beni aziendali siano sottoposti a sequestro o a confisca.

2.   Nel caso in cui l'imprenditore di cui al comma 1 sia soggetto alla procedura di liquidazione coatta amministrativa con esclusione del fallimento, il pubblico ministero chiede al tribunale competente l'emissione del provvedimento di cui all'articolo 195 del regio decreto 16 marzo 1942, n. 267 e successive modificazioni.

3.   Il pubblico ministero segnala alla Banca d'Italia la sussistenza del procedimento di prevenzione su beni appartenenti ad istituti bancari o creditizi ai fini dell'adozione dei provvedimenti di cui al titolo IV del decreto legislativo 1° settembre 1993, n. 385.

4.   Quando viene dichiarato il fallimento, i beni assoggettati a sequestro o confisca sono esclusi dalla massa attiva fallimentare. La verifica dei crediti e dei diritti inerenti ai rapporti relativi ai suddetti beni viene svolta dal giudice delegato del tribunale di prevenzione nell'ambito del procedimento di cui agli articoli 52 e seguenti. (1)

5.   Nel caso di cui al comma 4, il giudice delegato al fallimento provvede all'accertamento del passivo e dei diritti dei terzi nelle forme degli articoli 92 e seguenti del regio decreto 16 marzo 1942, n. 267, verificando altresì, anche con riferimento ai rapporti relativi ai beni sottoposti a sequestro, la sussistenza delle condizioni di cui all'articolo 52, comma 1, lettere b), c) e d) e comma 3 del presente decreto.

6.   Se nella massa attiva del fallimento sono ricompresi esclusivamente beni già sottoposti a sequestro, il tribunale, sentiti il curatore e il comitato dei creditori, dichiara chiuso il fallimento con decreto ai sensi dell'articolo 119 del regio decreto 16 marzo 1942, n. 267, e successive modificazioni. (2)

7.   In caso di revoca del sequestro o della confisca, il curatore procede all'apprensione dei beni ai sensi del capo

IV del titolo II del regio decreto 16 marzo 1942, n. 267, e successive modificazioni. Il giudice delegato al fallimento procede alla verifica dei crediti e dei diritti in relazione ai beni per i quali è intervenuta la revoca del sequestro o della confisca. Se la revoca interviene dopo la chiusura del fallimento, il tribunale provvede ai sensi dell'articolo 121 del regio decreto 16 marzo 1942, n. 267, e successive modificazioni, anche su iniziativa del pubblico ministero, ancorché sia trascorso il termine di cinque anni dalla chiusura del fallimento. Il curatore subentra nei rapporti processuali in luogo dell'amministratore giudiziario. (^{2})

8.   L'amministratore giudiziario propone le azioni disciplinate dalla sezione III del capo III del titolo II del regio decreto 16 marzo 1942, n. 267, con gli effetti di cui all'articolo 70 del medesimo decreto, ove siano relative ad atti, pagamenti o garanzie concernenti i beni oggetto di sequestro. Gli effetti del sequestro e della confisca si estendono ai beni oggetto dell'atto dichiarato inefficace.

8-bis. L'amministratore giudiziario, ove siano stati sequestrati complessi aziendali e produttivi o partecipazioni societarie di maggioranza, prima che intervenga la confisca definitiva, può, previa autorizzazione del tribunale ai sensi dell'articolo 41, presentare al tribunale fallimentare competente ai sensi dell'articolo 9 del regio decreto 16 marzo 1942, n. 267, e successive modificazioni,

in quanto compatibile, domanda per l'ammissione al concordato preventivo, di cui agli articoli 160 e seguenti del citato regio decreto n. 267 del 1942, nonché accordo di ristrutturazione dei debiti ai sensi dell'articolo 182-bis del regio decreto n. 267 del 1942, o predisporre un piano attestato ai sensi dell'articolo 67, terzo comma, lettera d), del regio decreto n. 267 del 1942. Ove finalizzato a garantire la salvaguardia dell'unità produttiva e il mantenimento dei livelli occupazionali, il piano di ristrutturazione può prevedere l'alienazione dei beni sequestrati anche fuori dei casi di cui all'articolo 48. (^{3})

(1) Comma così sostituito dall' art. 22, comma 1, lett. a), L. 17 ottobre 2017, n. 161.
(2) Comma così sostituito dall' art. 22, comma 1, lett. b), L. 17
ottobre 2017, n. 161.
(3) Comma aggiunto dall' art. 22, comma 1, lett. c), L. 17 ottobre 2017, n. 161.

Art. 64. Sequestro successivo alla dichiarazione di fallimento

1.   Ove sui beni compresi nel fallimento ai sensi dell'articolo 42 del regio decreto 16 marzo 1942, n. 267 sia disposto sequestro, il giudice delegato al fallimento, sentito il curatore ed il comitato dei creditori, dispone con decreto non reclamabile la separazione di tali beni dalla massa attiva del fallimento e la loro consegna all'amministratore giudiziario.

2. Salvo quanto previsto dal comma 7, i crediti e i diritti inerenti ai rapporti relativi ai beni sottoposti a sequestro, ancorché già verificati dal giudice del fallimento, sono ulteriormente verificati dal giudice delegato del tribunale di prevenzione ai sensi degli articoli 52 e seguenti. (^{1})

[3. Alla stessa verifica sono soggetti i crediti ed i diritti insinuati nel fallimento dopo il deposito della richiesta di applicazione di una misura di prevenzione. (^{2})] 4. Se sono pendenti, con riferimento ai crediti e ai diritti inerenti ai rapporti relativi per cui interviene il sequestro, i giudizi di impugnazione di cui all'articolo 98 del regio decreto 16 marzo 1942, n. 267, e successive modificazioni, il tribunale fallimentare sospende il giudizio sino all'esito del procedimento di prevenzione. Le parti interessate, in caso di revoca del sequestro, dovranno riassumere il giudizio. (^{3})

[5. Alle ripartizioni dell'attivo fallimentare concorrono, secondo la disciplina del capo VII del titolo II del regio decreto 16 marzo 1942, n. 267, i soli creditori ammessi al passivo fallimentare ai sensi delle disposizioni che precedono. (^{4})]

6. I crediti di cui al comma 2, verificati ai sensi degli articoli 53 e seguenti dal giudice delegato del tribunale di prevenzione, sono soddisfatti sui beni oggetto di confisca secondo il piano di pagamento di cui all'articolo 61. (^{5})

7. Se il sequestro o la confisca di prevenzione hanno per oggetto l'intera massa attiva fallimentare ovvero, nel caso di società di persone, l'intero patrimonio personale dei soci illimitatamente responsabili, il tribunale, sentiti il curatore e il comitato dei creditori, dichiara la chiusura del fallimento con decreto ai sensi dell'articolo 119 del regio decreto 16 marzo 1942, n. 267, e successive modificazioni. (^{5})

8. Se il sequestro o la confisca intervengono dopo la chiusura del fallimento, essi si eseguono su quanto eventualmente residua dalla liquidazione.

9. Si applica l'articolo 63, comma 8, ed ove le azioni siano state proposte dal curatore, l'amministratore lo sostituisce nei processi in corso.

10. Se il sequestro o la confisca sono revocati prima della chiusura del fallimento, i beni sono nuovamente ricompresi nella massa attiva. L'amministratore giudiziario provvede alla consegna degli stessi al curatore, il quale prosegue i giudizi di cui al comma 9.

11. Se il sequestro o la confisca sono revocati dopo la chiusura del fallimento, si provvede ai sensi dell'articolo 63, comma 7.

(1) Comma così sostituito dall' art. 22, comma 2, lett. a), L. 17 ottobre 2017, n. 161.

(2) Comma abrogato dall' art. 22, comma 2, lett. b), L. 17 ottobre 2017, n. 161.

(3) Comma così sostituito dall' art. 22, comma 2, lett. c), L. 17 ottobre 2017, n. 161.

(4) Comma abrogato dall' art. 22, comma 2, lett. d), L. 17 ottobre 2017, n. 161.

(5) Comma così sostituito dall' art. 22, comma 2, lett. e), L. 17 ottobre 2017, n. 161.

Art. 65. Rapporti del controllo giudiziario e dell'amministrazione giudiziaria con il fallimento

1. Il controllo e l'amministrazione giudiziaria non possono essere disposti su beni compresi nel fallimento.

2. Quando la dichiarazione di fallimento è successiva all'applicazione delle misure di prevenzione del controllo ovvero dell'amministrazione giudiziaria, la misura di prevenzione cessa sui beni compresi nel fallimento. La cessazione è dichiarata dal tribunale con ordinanza.

3. Nel caso previsto al comma 2, se alla chiusura del fallimento residuano beni già sottoposti alle anzidette misure di prevenzione, il tribunale della prevenzione dispone con decreto l'applicazione della misura sui beni medesimi, ove persistano le esigenze di prevenzione.

Titolo V - Effetti, sanzioni e disposizioni finali

Capo I - Effetti delle misure di prevenzione

Art. 66. Principi generali

1. L'applicazione delle misure di prevenzione di cui al libro I, titolo I, importa gli effetti previsti dal presente capo, nonché gli effetti dalla legge espressamente indicati.

2. L'applicazione delle misure di prevenzione di cui al libro I, titolo II, importa gli effetti dalla legge espressamente indicati.

Art. 67. Effetti delle misure di prevenzione

1. Le persone alle quali sia stata applicata con provvedimento definitivo una delle misure di prevenzione previste dal libro I, titolo I, capo II non possono ottenere:

a) licenze o autorizzazioni di polizia e di commercio;

b) concessioni di acque pubbliche e diritti ad esse inerenti nonché concessioni di beni demaniali allorché siano richieste per l'esercizio di attività imprenditoriali; c) concessioni di costruzione e gestione di opere riguardanti la pubblica amministrazione e concessioni di servizi pubblici;

d) iscrizioni negli elenchi di appaltatori o di fornitori di opere, beni e servizi riguardanti la pubblica amministrazione, nei registri della camera di commercio per l'esercizio del commercio all'ingrosso e nei registri di commissionari astatori presso i mercati annonari all'ingrosso;

e) attestazioni di qualificazione per eseguire lavori pubblici;

f) altre iscrizioni o provvedimenti a contenuto autorizzatorio, concessorio, o abilitativo per lo svolgimento di attività imprenditoriali, comunque denominati;

g) contributi, finanziamenti o mutui agevolati ed altre erogazioni dello stesso tipo, comunque denominate, concessi o erogati da parte dello Stato, di altri enti pubblici o delle Comunità europee, per lo svolgimento di attività imprenditoriali;

h) licenze per detenzione e porto d'armi, fabbricazione, deposito, vendita e trasporto di materie esplodenti.

2. Il provvedimento definitivo di applicazione della misura di prevenzione determina la decadenza di diritto dalle licenze, autorizzazioni, concessioni, iscrizioni, attestazioni, abilitazioni ed erogazioni di cui al comma 1, nonché il divieto di concludere contratti pubblici di lavori, servizi e forniture, di cottimo fiduciario e relativi subappalti e subcontratti, compresi i cottimi di qualsiasi tipo, i noli a caldo e le forniture con posa in opera. Le licenze, le autorizzazioni e le concessioni sono ritirate e le iscrizioni sono cancellate ed è disposta la decadenza delle attestazioni a cura degli organi competenti.

3. Nel corso del procedimento di prevenzione, il tribunale, se sussistono motivi di particolare gravità, può disporre in via provvisoria i divieti di cui ai commi 1 e 2 e sospendere l'efficacia delle iscrizioni, delle erogazioni e degli altri provvedimenti ed atti di cui ai medesimi commi. Il provvedimento del tribunale può essere in qualunque momento revocato dal giudice procedente e perde efficacia se non è confermato con il decreto che applica la misura di prevenzione.

4. Il tribunale, salvo quanto previsto all'articolo 68, dispone che i divieti e le decadenze previsti dai commi 1 e 2 operino anche nei confronti di chiunque conviva con la persona sottoposta alla misura di prevenzione nonché nei confronti di imprese, associazioni, società e consorzi di cui la persona sottoposta a misura di prevenzione sia amministratore o determini in qualsiasi modo scelte e indirizzi. In tal caso i divieti sono efficaci per un periodo di cinque anni.

5. Per le licenze ed autorizzazioni di polizia, ad eccezione di quelle relative alle armi, munizioni ed esplosivi, e per gli altri provvedimenti di cui al comma 1 le decadenze e i divieti previsti dal presente articolo possono essere esclusi dal giudice nel caso in cui per effetto degli stessi verrebbero a mancare i mezzi di sostentamento all'interessato e alla famiglia.

6. Salvo che si tratti di provvedimenti di rinnovo, attuativi o comunque conseguenti a provvedimenti già disposti, ovvero di contratti derivati da altri già stipulati dalla pubblica amministrazione, le licenze, le

autorizzazioni, le concessioni, le erogazioni, le abilitazioni e le iscrizioni indicate nel comma 1 non possono essere rilasciate o consentite e la conclusione dei contratti o subcontratti indicati nel comma 2 non può essere consentita a favore di persone nei cui confronti è in corso il procedimento di prevenzione senza che sia data preventiva comunicazione al giudice competente, il quale può disporre, ricorrendone i presupposti, i divieti e le sospensioni previsti a norma del comma 3. A tal fine, i relativi procedimenti amministrativi restano sospesi fino a quando il giudice non provvede e, comunque, per un periodo non superiore a venti giorni dalla data in cui la pubblica amministrazione ha proceduto alla comunicazione.

7.   Dal termine stabilito per la presentazione delle liste e dei candidati e fino alla chiusura delle operazioni di voto, alle persone sottoposte, in forza di provvedimenti definitivi, alla misura della sorveglianza speciale di pubblica sicurezza è fatto divieto di svolgere le attività di propaganda elettorale previste dalla legge 4 aprile 1956, n. 212, in favore o in pregiudizio di candidati partecipanti a qualsiasi tipo di competizione elettorale.

8.   Le disposizioni dei commi 1, 2 e 4 si applicano anche nei confronti delle persone condannate con sentenza definitiva o, ancorché non definitiva, confermata in grado di appello, per uno dei delitti di cui all'articolo 51, comma 3-bis, del codice di procedura penale nonché per i reati di cui all'articolo 640, secondo comma, n. 1), del codice penale, commesso a danno dello Stato o di un altro ente pubblico, e all'articolo 640-bis del codice penale. ([1])

(1) Comma così modificato dall' art. 24, comma 1, lett. d), D.L. 4 ottobre 2018, n. 113, convertito, con modificazioni, dalla L. 1° dicembre 2018, n. 132.

Art. 68. Divieti e decadenze nei confronti dei conviventi

1.   Il tribunale, prima di adottare alcuno dei provvedimenti di cui al comma 4 dell'articolo 67, chiama, con decreto motivato, ad intervenire nel procedimento le parti interessate, le quali possono, anche con l'assistenza di un difensore, svolgere in camera di consiglio le loro deduzioni e chiedere l'acquisizione di ogni elemento utile ai fini della decisione. Ai fini dei relativi accertamenti si applicano le disposizioni dell'articolo 19.

2.   I provvedimenti previsti dal comma 4 dell'articolo 67 possono essere adottati, su richiesta del procuratore della Repubblica di cui all'articolo 17, commi 1 e 2, del direttore della Direzione investigativa antimafia, o del questore, quando ne ricorrano le condizioni, anche dopo l'applicazione della misura di prevenzione. Sulla richiesta provvede lo stesso tribunale che ha disposto la misura di prevenzione, con le forme previste per

il relativo procedimento e rispettando la disposizione di cui al precedente comma.

3. Si applicano le disposizioni di cui all'articolo 27, commi 1 e 2.

Art. 69. Elenco generale degli enti e delle amministrazioni

1. Con decreto del Presidente del Consiglio dei Ministri, d'intesa con tutti i Ministri interessati, è costituito un elenco generale degli enti e delle amministrazioni legittimati a disporre le licenze, le concessioni e le iscrizioni e le attestazioni, nonché le autorizzazioni, le abilitazioni e le erogazioni indicate nell'articolo 67, comma 1. Con le stesse modalità saranno effettuati gli aggiornamenti eventualmente necessari.

2. Le cancellerie dei tribunali, delle corti d'appello e della Corte di cassazione debbono comunicare alla questura nella cui circoscrizione hanno sede, non oltre i cinque giorni dal deposito o, nel caso di atto impugnabile, non oltre i cinque giorni dalla scadenza del termine per l'impugnazione, copia dei provvedimenti emanati ai sensi degli articoli 7 e 10, nonché dei provvedimenti di cui ai commi 3, 4, 5 e 7 dell'articolo 67, e all'articolo 68, comma 2. Nella comunicazione deve essere specificato se il provvedimento sia divenuto definitivo.

3. I procuratori della Repubblica, nel presentare al tribunale le proposte per l'applicazione di una delle misure di prevenzione, provvedono a darne contestuale comunicazione, in copia, alla questura nella cui circoscrizione ha sede il tribunale stesso.

4. I questori dispongono l'immediata immissione nel centro elaborazione dati di cui all'articolo 8 della legge 1° aprile 1981, n. 121, sia delle comunicazioni previste nei commi 2 e 3, sia delle proposte che essi stessi abbiano presentato per l'applicazione di una delle misure di prevenzione indicate nel capoverso che precede. Le informazioni predette sono contestualmente trasmesse alle prefetture attraverso i terminali installati nei rispettivi centri telecomunicazione.

5. Le prefetture comunicano tempestivamente agli organi ed enti indicati dal decreto del Presidente del Consiglio dei ministri di cui al comma 1 e dai successivi decreti di aggiornamento, che abbiano sede nelle rispettive province, i provvedimenti esecutivi concernenti i divieti, le decadenze e le sospensioni previste nell'articolo 67. Per i provvedimenti di cui al comma 5 dell'articolo 67 la comunicazione, su motivata richiesta dell'interessato, può essere inviata anche ad organi o enti specificamente indicati nella medesima.

Ai fini dell'applicazione delle norme in materia di qualificazione degli esecutori dei lavori pubblici, la comunicazione va, comunque, fatta dalla prefettura di Roma al Ministero delle infrastrutture e dei trasporti e all'Autorità per la vigilanza sui contratti pubblici di lavori, servizi e forniture, entro e non oltre cinque giorni dalla ricezione del dato; dell'informativa debbono costituire oggetto anche le proposte indicate nei commi 3 e 4.

Capo II - La riabilitazione

Art. 70. Riabilitazione

1.   Dopo tre anni dalla cessazione della misura di prevenzione personale, l'interessato può chiedere la riabilitazione. La riabilitazione è concessa, se il soggetto ha dato prova costante ed effettiva di buona condotta, dalla corte di appello nel cui distretto ha sede l'autorità giudiziaria che dispone l'applicazione della misura di prevenzione o dell'ultima misura di prevenzione.

2.   La riabilitazione comporta la cessazione di tutti gli effetti pregiudizievoli riconnessi allo stato di persona sottoposta a misure di prevenzione nonché la cessazione dei divieti previsti dall'articolo 67.

3.   Si osservano, in quanto compatibili, le disposizioni del codice di procedura penale riguardanti la riabilitazione.

Quando è stata applicata una misura di prevenzione personale nei confronti dei soggetti di cui all'articolo 4, comma 1, lettera a) e b), la riabilitazione può essere richiesta dopo cinque anni dalla cessazione della misura di prevenzione personale.

Capo III - Le sanzioni

Art. 71. Circostanza aggravante

1.   Le pene stabilite per i delitti previsti dagli articoli 270-bis, 270-ter, 270-quater, 270-quater.1, 270quinquies, 314, 316, 316-bis, 316-ter, 317, 318, 319, 319-ter, 319-quater, 320, 321, 322, 322-bis, 336, 338, 353, 377, terzo comma, 378, 379, 416, 416-bis, 416ter, 418, 424, 435, 513-bis, 575, 600, 601, 602, 605, 610, 611, 612, 628, 629, 630, 632, 633, 634, 635, 636, 637, 638, 640-bis, 648-bis, 648-ter, del codice penale, nonché per i delitti commessi con le finalità di terrorismo di cui all'articolo 270-sexies del codice penale, sono aumentate da un terzo alla metà e quelle stabilite per le contravvenzioni di cui agli articoli 695, primo comma, 696, 697, 698, 699 del codice penale sono aumentate nella misura di cui al secondo comma dell'articolo 99 del codice penale se il fatto è commesso da persona sottoposta con provvedimento definitivo ad una misura di prevenzione personale durante il periodo previsto di applicazione e sino a tre anni dal momento in cui ne è cessata l'esecuzione. ([1]) 2. In ogni caso si procede d'ufficio e quando i delitti di cui al comma 1, per i quali è consentito l'arresto in flagranza, sono commessi da persone sottoposte alla misura di prevenzione, la polizia giudiziaria può procedere

all'arresto anche fuori dei casi di flagranza. 3. Alla pena è aggiunta una misura di sicurezza detentiva.

(1) Comma così modificato dall' art. 4, comma 1, lett. c), nn. 1) e 2), D.L. 18 febbraio 2015, n. 7, convertito, con modificazioni, dalla L. 17 aprile 2015, n. 43, e, successivamente, dall' art. 23, comma 1, L. 17 ottobre 2017, n. 161.

Art. 72. Reati concernenti le armi e gli esplosivi

1. Le pene stabilite per i reati concernenti le armi alterate nonché le armi e le munizioni di cui all'articolo 1 della legge 18 aprile 1975, n. 110, sono triplicate e quelle stabilite per i reati concernenti le armi e le munizioni di cui all'articolo 2, commi primo e secondo, della stessa legge sono aumentate nella misura in cui al terzo comma dell'articolo 99 del codice penale, se i fatti sono commessi da persona sottoposta con provvedimento definitivo ad una misura di prevenzione personale durante il periodo previsto di applicazione e sino a tre anni dal momento in cui ne è cessata l'esecuzione.

Art. 73. Violazioni al codice della strada

1. Nel caso di guida di un autoveicolo o motoveicolo, senza patente, o dopo che la patente sia stata negata, sospesa o revocata, la pena è dell'arresto da sei mesi a tre anni, qualora si tratti di persona già sottoposta, con provvedimento definitivo, a una misura di prevenzione personale.

Art. 74. Reati del pubblico ufficiale

1. Il pubblico amministratore, il funzionario o il dipendente che, intervenuta la decadenza o la sospensione di cui all'articolo 67, non dispone, entro trenta giorni dalla comunicazione, il ritiro delle licenze, autorizzazioni, abilitazioni o la cessazione delle erogazioni o concessioni ovvero la cancellazione dagli elenchi, è punito con la reclusione da due a quattro anni.

2. Le stesse pene si applicano in caso di rilascio di licenze, concessioni, autorizzazioni o abilitazioni ovvero di iscrizioni e di attestazioni di qualificazione nonché di concessione di erogazioni in violazione delle disposizioni di cui all'articolo 67.

3. Il pubblico amministratore, il funzionario o il dipendente dello Stato o di altro ente pubblico ovvero il concessionario di opere e di servizi pubblici nonché il contraente generale che consente alla conclusione di contratti o subcontratti in violazione dei divieti previsti dall'articolo 67, è punito con la reclusione da due a quattro anni.

4. Se il fatto di cui ai commi 1, 2 e 3 è commesso per colpa, la pena è della reclusione da tre mesi ad un anno.

Art. 75. Violazione degli obblighi inerenti alla sorveglianza speciale

1.   Il contravventore agli obblighi inerenti alla sorveglianza speciale è punito con l'arresto da tre mesi ad un anno. ([1])

2.   Se l'inosservanza riguarda gli obblighi e le prescrizioni inerenti alla sorveglianza speciale con l'obbligo o il divieto di soggiorno, si applica la pena della reclusione da uno a cinque anni ed è consentito l'arresto anche fuori dei casi di flagranza. ([1]) 3. Nell'ipotesi indicata nel comma 2 gli ufficiali ed agenti di polizia giudiziaria possono procedere all'arresto anche fuori dei casi di flagranza.

4.   Salvo quanto è prescritto da altre disposizioni di legge, il sorvegliato speciale che, per un reato commesso dopo il decreto di sorveglianza speciale, abbia riportato condanna a pena detentiva non inferiore a sei mesi, può essere sottoposto a libertà vigilata per un tempo non inferiore a due anni.

(1) La Corte costituzionale, con sentenza 24 gennaio-27 febbraio 2019, n. 25, ha dichiarato, tra l'altro: a) l'illegittimità costituzionale dell'art. 75, comma 2, del presente provvedimento, nella parte in cui prevede come delitto la violazione degli obblighi e delle prescrizioni inerenti la misura della sorveglianza speciale con obbligo o divieto di soggiorno ove consistente nell'inosservanza delle prescrizioni di "vivere onestamente" e di "rispettare le leggi"; b) in via consequenziale, ai sensi dell'art. 27 della legge 11 marzo 1953, n. 87, l'illegittimità costituzionale dell'art. 75, comma 1, nella parte in cui prevede come reato contravvenzionale la violazione degli obblighi inerenti la misura della sorveglianza speciale senza obbligo o divieto di soggiorno ove consistente nell'inosservanza delle prescrizioni di "vivere onestamente" e di "rispettare le leggi".

Art. 75-bis. Violazione delle misure imposte con provvedimenti d'urgenza ([1])

1. Il contravventore al divieto di espatrio conseguente all'applicazione delle misure di cui ai commi 1 e 2-bis dell'articolo 9 è punito con la reclusione da uno a cinque anni.

([1]) Articolo inserito dall' art. 4, comma 1, lett. d), D.L. 18 febbraio 2015, n. 7, convertito, con modificazioni, dalla L. 17 aprile 2015, n. 43.

Art. 76. Altre sanzioni penali

1.   La persona che, avendo ottenuto l'autorizzazione di cui all'articolo 12, non rientri nel termine stabilito nel comune di soggiorno obbligato, o non osservi le prescrizioni fissate per il viaggio, ovvero si allontani dal comune ove ha chiesto di recarsi, è punita con la reclusione da due a cinque anni; è consentito l'arresto anche fuori dei casi di flagranza.

2.   Chiunque violi il divieto di cui all'articolo 3, commi 4 e 5, è punito con la reclusione da uno a tre anni e con la multa da euro 1.549 a euro 5.164. Gli strumenti, gli apparati, i mezzi e i programmi posseduti o utilizzati sono confiscati ed assegnati alle Forze di polizia, se ne fanno richiesta, per essere impiegati nei compiti di istituto.

3. Il contravventore alle disposizioni di cui all'articolo 2, è punito con l'arresto da uno a sei mesi. Nella sentenza di condanna viene disposto che, scontata la pena, il contravventore sia tradotto al luogo del rimpatrio.

4. Chi non ottempera, nel termine fissato dal tribunale, all'ordine di deposito della cauzione di cui all'articolo 31, ovvero omette di offrire le garanzie sostitutive di cui al comma 3 della medesima disposizione, è punito con la pena dell'arresto da sei mesi a due anni.

5. La persona a cui è stata applicata l'amministrazione giudiziaria dei beni personali, la quale con qualsiasi mezzo, anche simulato, elude o tenta di eludere l'esecuzione del provvedimento è punita con la reclusione da tre a cinque anni. La stessa pena si applica a chiunque anche fuori dei casi di concorso nel reato, aiuta la persona indicata a sottrarsi all'esecuzione del provvedimento. Per il reato di cui al comma precedente si procede in ogni caso con giudizio direttissimo.

6. Chi omette di adempiere ai doveri informativi di cui alla lettera a) del comma 2 dell'articolo 34-bis nei confronti dell'amministratore giudiziario è punito con la reclusione da uno a quattro anni. Alla condanna consegue la confisca dei beni acquistati e dei pagamenti ricevuti per i quali è stata omessa la comunicazione. (1)

7. Chiunque, essendovi tenuto, omette di comunicare entro i termini stabiliti dalla legge le variazioni patrimoniali indicate nell'articolo 80 è punito con la reclusione da due a sei anni e con la multa da euro 10.329 a euro 20.658. Alla condanna segue la confisca dei beni a qualunque titolo acquistati nonché del corrispettivo dei beni a qualunque titolo alienati. Nei casi in cui non sia possibile procedere alla confisca dei beni acquistati ovvero del corrispettivo dei beni alienati, il giudice ordina la confisca, per un valore equivalente, di somme di denaro, beni o altre utilità dei quali i soggetti di cui all'articolo 80, comma 1, hanno la disponibilità. (3)

8. Salvo che il fatto costituisca più grave reato, il contravventore al divieto di cui all'articolo 67, comma 7 è punito con la reclusione da uno a sei anni. La stessa pena si applica al candidato che, avendo diretta conoscenza della condizione di sottoposto in via definitiva alla misura della sorveglianza speciale di pubblica sicurezza, richiede al medesimo di svolgere le attività di propaganda elettorale previste all'articolo 67, comma 7 e se ne avvale concretamente. L'esistenza del fatto deve risultare anche da prove diverse dalle dichiarazioni del soggetto sottoposto alla misura di prevenzione. (2)

9. La condanna alla pena della reclusione, anche se conseguente all'applicazione della pena su richiesta delle parti a norma dell'articolo 444 del codice di procedura penale, per il delitto

previsto dal comma 8, comporta l'interdizione dai pubblici uffici per la durata della pena detentiva. A tal fine la cancelleria del giudice che ha pronunciato la sentenza trasmette copia dell'estratto esecutivo, chiusa in piego sigillato, all'organo o all'ente di appartenenza per l'adozione degli atti di competenza. Nel caso in cui il condannato sia un membro del Parlamento, la Camera di appartenenza adotta le conseguenti determinazioni secondo le norme del proprio regolamento. Dall'interdizione dai pubblici uffici consegue l'ineleggibilità del condannato per la stessa durata della pena detentiva. La sospensione condizionale della pena non ha effetto ai fini dell'interdizione dai pubblici uffici.

(¹) *Comma così sostituito dall' art. 24, comma 1, L. 17 ottobre 2017,*
n. 161.
(²) *Comma così modificato dall' art. 24, comma 2, L. 17 ottobre 2017,*
n. 161.

Capo IV - Disposizioni finali

Art. 77.
Fermo di indiziato di delitto

1. Nei confronti dei soggetti di cui all'articolo 4 e di coloro che risultino gravemente indiziati di un delitto commesso in occasione o a causa di manifestazioni sportive il fermo di indiziato di delitto è consentito anche al di fuori dei limiti di cui all'articolo 384 del codice di procedura penale, purché si tratti di reato per il quale è consentito l'arresto facoltativo in flagranza ai sensi dell'articolo 381 del medesimo codice. (¹)

(1) *Comma così modificato dall' art. 14, comma 1, D.L. 14 giugno 2019, n. 53, convertito, con modificazioni, dalla L. 8 agosto 2019, n. 77.*

Art. 78. Intercettazioni telefoniche

1.   Il procuratore della Repubblica del luogo dove le operazioni debbono essere eseguite, può autorizzare gli ufficiali di polizia giudiziaria ad intercettare comunicazioni o conversazioni telefoniche o telegrafiche o quelle indicate nell'articolo 623-bis del codice penale, quando lo ritenga necessario al fine di controllare che i soggetti nei cui confronti sia stata applicata una delle misure di prevenzione di cui al libro I, titolo I, capo II non continuino a porre in essere attività o comportamenti analoghi a quelli che hanno dato luogo all'applicazione della misura di prevenzione.

2.   Si osservano, in quanto compatibili, le modalità previste dall'articolo 268 del codice di procedura penale.

3.   Gli elementi acquisiti attraverso le intercettazioni possono essere utilizzati esclusivamente per la prosecuzione delle indagini e sono privi di ogni valore ai fini processuali.

4.   Le registrazioni debbono essere trasmesse al procuratore della Repubblica che ha autorizzato le operazioni, il quale dispone la distruzione delle registrazioni stesse e di ogni loro trascrizione, sia pure parziale.

Art. 79. Verifiche fiscali, economiche e patrimoniali a carico di soggetti sottoposti a misure di prevenzione

1. Salvo quanto previsto dagli articoli 25 e 26 della legge 13 settembre 1982, n. 646, a carico delle persone nei cui confronti sia stata disposta, con provvedimento anche non definitivo, una misura di prevenzione, il nucleo di polizia economico-finanziaria del Corpo della guardia di finanza, competente in relazione al luogo di dimora abituale del soggetto, può procedere alla verifica della relativa posizione fiscale, economica e patrimoniale ai fini dell'accertamento di illeciti valutari e societari e comunque in materia economica e finanziaria, anche allo scopo di verificare l'osservanza della disciplina dei divieti autorizzatori, concessori o abilitativi di cui all'articolo 67. (¹) 2. Le indagini di cui al comma 1 sono effettuate anche nei confronti dei soggetti di cui all'articolo 19, comma 3, e all'articolo 67, comma 4. Nei casi in cui il domicilio fiscale, il luogo di effettivo esercizio dell'attività, ovvero il luogo di dimora abituale dei soggetti da sottoporre a verifica sia diverso da quello delle persone di cui al comma 1, il nucleo di polizia economico-finanziaria può delegare l'esecuzione degli accertamenti di cui al presente comma ai reparti del Corpo della guardia di finanza competenti per territorio. (¹)

3.   Copia del provvedimento di applicazione della misura di prevenzione è trasmessa, a cura della cancelleria competente, al nucleo di polizia economico-finanziaria indicato al comma 1. (¹) 4. Per l'espletamento delle indagini di cui al presente articolo, i militari del Corpo della guardia di finanza, oltre ai poteri e alle facoltà previsti dall'articolo 2 del decreto legislativo 19 marzo 2001, n. 68, si avvalgono dei poteri di cui all'articolo 19, comma 4, nonché dei poteri attribuiti agli appartenenti al nucleo speciale di polizia valutaria ai sensi del decreto legislativo 21 novembre 2007, n. 231.

5.   La revoca del provvedimento con il quale è stata disposta una misura di prevenzione non preclude l'utilizzazione ai fini fiscali degli elementi acquisiti nel corso degli accertamenti svolti ai sensi del comma 1.

6.   Ai fini dell'accertamento delle imposte sui redditi e dell'imposta sul valore aggiunto, ai dati, alle notizie e ai documenti acquisiti ai sensi del comma 4 si applicano le disposizioni di cui all'articolo 51, secondo comma, numero 2), secondo periodo, del decreto del Presidente della Repubblica 26 ottobre 1972, n. 633, e successive modificazioni,

e all'articolo 32, primo comma, numero 2), secondo periodo, del decreto del Presidente della Repubblica 29 settembre 1973, n. 600, e successive modificazioni.

7.	Tutti gli elementi acquisiti in occasione delle indagini di cui al presente articolo, e comunque le variazioni patrimoniali superiori a euro 10.329,14 intervenute negli ultimi tre anni, con riguardo sia ai conferenti sia ai beneficiari, devono essere comunicati anche ai sensi dell'articolo 6 della legge 1° aprile 1981, n. 121.

(1) Nel presente provvedimento le parole: «nucleo di polizia tributaria» sono state sostituite dalle seguenti: «nucleo di polizia economico-finanziaria», ai sensi di quanto disposto dall' art. 35, comma 8, lett. a), D.Lgs. 29 maggio 2017, n. 95.

Art. 80. Obbligo di comunicazione

1.	Salvo quanto previsto dall'articolo 30 della legge 13 settembre 1982, n. 646, le persone già sottoposte, con provvedimento definitivo, ad una misura di prevenzione, sono tenute a comunicare per dieci anni, ed entro trenta giorni dal fatto, al nucleo di polizia economico-finanziaria del luogo di dimora abituale, tutte le variazioni nell'entità e nella composizione del patrimonio concernenti elementi di valore non inferiore ad euro 10.329,14. Entro il 31 gennaio di ciascun anno, i soggetti di cui al periodo precedente sono altresì tenuti a comunicare le

variazioni intervenute nell'anno precedente, quando concernono complessivamente elementi di valore non inferiore ad euro 10.329,14. Sono esclusi i beni destinati al soddisfacimento dei bisogni quotidiani. ([1])

2.	Il termine di dieci anni decorre dalla data del decreto ovvero dalla data della sentenza definitiva di condanna.

3.	Gli obblighi previsti nel comma 1 cessano quando la misura di prevenzione è a qualunque titolo revocata.

(1) Nel presente provvedimento le parole: «nucleo di polizia tributaria» sono state sostituite dalle seguenti: «nucleo di polizia economico-finanziaria», ai sensi di quanto disposto dall' art. 35, comma 8, lett. a), D.Lgs. 29 maggio 2017, n. 95.

Art. 81. Registro delle misure di prevenzione

1.	Presso le segreterie delle procure della Repubblica e presso le cancellerie dei tribunali sono istituiti appositi registri, anche informatici, per le annotazioni relative ai procedimenti di prevenzione. Nei registri viene curata l'immediata annotazione nominativa delle persone fisiche e giuridiche nei cui confronti sono disposti gli accertamenti personali o patrimoniali da parte dei soggetti titolari del potere di proposta. Il questore territorialmente competente e il direttore della Direzione investigativa antimafia provvedono a dare immediata comunicazione alla procura della Repubblica competente per territorio della proposta di misura personale e patrimoniale da presentare al tribunale competente. Le modalità di tenuta, i tipi dei registri, le annotazioni che vi devono essere operate, sono fissati con decreto del Ministro della giustizia.

2. Non possono essere rilasciate a privati certificazioni relative alle annotazioni operate nei registri.

3. I provvedimenti definitivi con i quali l'autorità giudiziaria applica misure di prevenzione o concede la riabilitazione di cui all'articolo 70, sono iscritti nel casellario giudiziale secondo le modalità e con le forme stabilite per le condanne penali. Nei certificati rilasciati a richiesta di privati non è fatta menzione delle suddette iscrizioni. I provvedimenti di riabilitazione sono altresì comunicati alla questura competente con l'osservanza delle disposizioni di cui all'articolo 69.

LIBRO II - NUOVE DISPOSIZIONI IN MATERIA DI DOCUMENTAZIONE ANTIMAFIA

Capo I - Disposizioni di carattere generale

Art. 82. Oggetto ([1])

1. Il presente Libro disciplina la documentazione antimafia ed i suoi effetti, istituisce la banca dati nazionale unica della documentazione antimafia, di seguito denominata «banca dati nazionale unica», e introduce disposizioni relative agli enti locali i cui organi sono

stati sciolti ai sensi dell'articolo 143 del testo unico delle leggi sull'ordinamento degli enti locali, di cui al decreto legislativo 18 agosto 2000, n. 267. ([2])

(1)   Il presente articolo è entrato in vigore il 13 febbraio 2013, ai sensi di quanto disposto dall'art. 119, comma 1, come sostituito dall'art. 9, comma 1, lett. a), D.Lgs. 15 novembre 2012, n. 218.
(2)   Comma così modificato dall' art. 5, comma 1, lett. b), D.Lgs. 13 ottobre 2014, n. 153, a decorrere dal 26 novembre 2014, ai sensi di quanto disposto dall' art. 6, comma 1, del medesimo D.Lgs. n.
153/2014.

Art. 83. Ambito di applicazione della documentazione antimafia ([1])

1. Le pubbliche amministrazioni e gli enti pubblici, anche costituiti in stazioni uniche appaltanti, gli enti e le aziende vigilati dallo Stato o da altro ente pubblico e le società o imprese comunque controllate dallo Stato o da altro ente pubblico nonché i concessionari di lavori o di servizi pubblici, devono acquisire la documentazione antimafia di cui all'articolo 84 prima di stipulare, approvare o autorizzare i contratti e subcontratti relativi a lavori, servizi e forniture pubblici, ovvero prima di rilasciare o consentire i provvedimenti indicati nell'articolo 67. ([2]) 2. La disposizione di cui al comma 1 si applica ai contraenti generali di cui all'articolo 176 del decreto legislativo 12 aprile 2006, n. 163, di seguito denominati «contraente generale».

3. La documentazione di cui al comma 1 non è comunque richiesta:

a) per i rapporti fra i soggetti pubblici di cui al comma 1;

b) per i rapporti fra i soggetti pubblici di cui alla lettera a) ed altri soggetti, anche privati, i cui organi rappresentativi e quelli aventi funzioni di amministrazione e di controllo sono sottoposti, per disposizione di legge o di regolamento, alla verifica di particolari requisiti di onorabilità tali da escludere la sussistenza di una delle cause di sospensione, di decadenza o di divieto di cui all'articolo 67;

c) per il rilascio o rinnovo delle autorizzazioni o licenze di polizia di competenza delle autorità nazionali e provinciali di pubblica sicurezza;

d) per la stipulazione o approvazione di contratti e per la concessione di erogazioni a favore di chi esercita attività agricole o professionali, non organizzate in forma di impresa, nonché a favore di chi esercita attività artigiana in forma di impresa individuale e attività di lavoro autonomo anche intellettuale in forma individuale;

e) per i provvedimenti, ivi inclusi quelli di erogazione, gli atti ed i contratti il cui valore complessivo non supera i 150.000 euro [3].

3-bis. La documentazione di cui al comma 1 è sempre prevista nelle ipotesi di concessione di terreni agricoli e zootecnici demaniali che ricadono nell'ambito dei regimi di sostegno previsti dalla politica agricola comune, a prescindere dal loro valore complessivo, nonché su tutti i terreni agricoli, a qualunque titolo acquisiti, che usufruiscono di fondi europei o statali per un importo superiore a 5.000 euro. [4]

(1) Il presente articolo è entrato in vigore il 13 febbraio 2013, ai sensi di quanto disposto dall'art. 119, comma 1, come sostituito dall'art. 9, comma 1, lett. a), D.Lgs. 15 novembre 2012, n. 218.

(2) Comma così modificato dall' art. 25, comma 1, lett. a), L. 17 ottobre 2017, n. 161.

(3) Lettera così sostituita dall' art. 25, comma 1, lett. b), L. 17
ottobre 2017, n. 161 e, successivamente, così modificata dall' art. 78, comma 3-quinquies, D.L. 17 marzo 2020, n. 18, convertito, con modificazioni, dalla L. 24 aprile 2020, n. 27.

(4) Comma aggiunto dall' art. 25, comma 1, lett. c), L. 17 ottobre 2017, n. 161 e, successivamente, così modificato dall' art. 19terdecies, comma 1, lett. a), D.L. 16 ottobre 2017, n. 148, convertito, con modificazioni, dalla L. 4 dicembre 2017, n. 172, e dall' art. 78, comma 2-undecies, D.L. 17 marzo 2020, n. 18, convertito, con modificazioni, dalla L. 24 aprile 2020, n. 27.

Art. 83-bis Protocolli di legalità [1]

1.   Il Ministero dell'interno può sottoscrivere protocolli, o altre intese comunque denominate, per la prevenzione e il contrasto dei fenomeni di criminalità organizzata, anche allo scopo di estendere convenzionalmente il ricorso alla documentazione antimafia di cui all'articolo 84. I protocolli di cui al presente articolo possono essere sottoscritti anche con imprese di

rilevanza strategica per l'economia nazionale nonché con associazioni maggiormente rappresentative a livello nazionale di categorie produttive, economiche o imprenditoriali e con le organizzazioni sindacali, e possono prevedere modalità per il rilascio della documentazione antimafia anche su richiesta di soggetti privati, nonché determinare le soglie di valore al di sopra delle quali è prevista l'attivazione degli obblighi previsti dai protocolli medesimi. I protocolli possono prevedere l'applicabilità delle previsioni del presente decreto anche nei rapporti tra contraenti, pubblici o privati, e terzi, nonché tra aderenti alle associazioni contraenti e terzi.

2. L'iscrizione nell'elenco dei fornitori, prestatori di servizi ed esecutori di lavori di cui all'articolo 1, commi 52 e seguenti, della legge 6 novembre 2012, n. 190, nonché l'iscrizione nell'anagrafe antimafia degli esecutori istituita dall'articolo 30 del decreto-legge 17 ottobre 2016, n. 189, convertito, con modificazioni, dalla legge 15 dicembre 2016, n. 229, equivale al rilascio dell'informazione antimafia.

3. Le stazioni appaltanti prevedono negli avvisi, bandi di gara o lettere di invito che il mancato rispetto dei protocolli di legalità costituisce causa di esclusione dalla gara o di risoluzione del contratto.

(1) Articolo inserito dall' art. 3, comma 7, D.L. 16 luglio 2020, n. 76, convertito, con modificazioni, dalla L. 11 settembre 2020, n. 120.

Capo II - Documentazione antimafia

Art. 84. Definizioni [3]

1. La documentazione antimafia è costituita dalla comunicazione antimafia e dall'informazione antimafia.

2. La comunicazione antimafia consiste nell'attestazione della sussistenza o meno di una delle cause di decadenza, di sospensione o di divieto di cui all'articolo 67.

3. L'informazione antimafia consiste nell'attestazione della sussistenza o meno di una delle cause di decadenza, di sospensione o di divieto di cui all'articolo 67, nonché, fatto salvo quanto previsto dall'articolo 91, comma 6, nell'attestazione della sussistenza o meno di eventuali tentativi di infiltrazione mafiosa tendenti a condizionare le scelte e gli indirizzi delle società o imprese interessate indicati nel comma 4. [1]

4. Le situazioni relative ai tentativi di infiltrazione mafiosa che danno luogo all'adozione dell'informazione antimafia interdittiva di cui al comma 3 sono desunte:

a) dai provvedimenti che dispongono una misura cautelare o il giudizio, ovvero che recano una condanna anche non definitiva per taluni dei delitti di cui agli articoli 353, 353-bis,

603-bis, 629, 640-bis, 644, 648-bis, 648-ter del codice penale, dei delitti di cui all'articolo 51, comma 3-bis, del codice di procedura penale e di cui all'articolo 12-quinquies del decretolegge 8 giugno 1992, n. 306 convertito, con

modificazioni, dalla legge 7 agosto 1992, n. 356; (⁴)

b)   dalla   proposta   o   dal provvedimento di applicazione di taluna delle misure di prevenzione;

c)   salvo che ricorra l'esimente di cui all'articolo 4 della legge 24 novembre 1981, n. 689, dall'omessa denuncia all'autorità giudiziaria dei reati di cui agli articoli 317 e 629 del codice penale, aggravati ai sensi dell'articolo 7 del decreto-legge 13 maggio 1991, n. 152, convertito, con modificazioni, dalla legge 12 luglio 1991, n. 203, da parte dei soggetti indicati nella lettera b) dell'articolo 38 del decreto legislativo 12 aprile 2006, n. 163, anche in assenza nei loro confronti di un procedimento per l'applicazione di una misura di prevenzione o di una causa ostativa ivi previste;

d)   dagli accertamenti disposti dal prefetto anche avvalendosi dei poteri di accesso e di accertamento delegati dal Ministro dell'interno ai sensi del decretolegge 6 settembre 1982, n. 629, convertito, con modificazioni, dalla legge 12 ottobre 1982, n. 726, ovvero di quelli di cui all'articolo 93 del presente decreto;

e)   dagli accertamenti da effettuarsi in altra provincia a cura dei prefetti competenti su richiesta del prefetto procedente ai sensi della lettera d);

f)   dalle sostituzioni negli organi sociali, nella rappresentanza legale della società nonché nella titolarità delle imprese individuali ovvero delle quote societarie, effettuate da chiunque conviva stabilmente con i soggetti destinatari dei provvedimenti di cui alle lettere a) e b), con modalità che, per i tempi in cui vengono realizzati, il valore economico delle transazioni, il reddito dei soggetti coinvolti nonché le qualità professionali dei subentranti, denotino l'intento di eludere la normativa sulla documentazione antimafia.

4-bis. La circostanza di cui al comma 4, lettera c), deve emergere dagli indizi a base della richiesta di rinvio a giudizio formulata nei confronti dell'imputato e deve essere comunicata, unitamente alle generalità del soggetto che ha omesso la predetta denuncia, dal procuratore della Repubblica procedente alla prefettura della provincia in cui i soggetti richiedenti di cui all'articolo 83, commi 1 e 2, hanno sede ovvero in cui hanno residenza o sede le persone fisiche, le imprese, le associazioni, le società o i consorzi interessati ai contratti e subcontratti di cui all'articolo 91, comma 1, lettere a) e c) o che siano destinatari degli atti di concessione o erogazione di cui alla lettera b) dello stesso comma 1. (²)

(1) Comma così modificato dall' art. 8, comma 1, lett. a), D.Lgs. 15

novembre 2012, n. 218.

(2) Comma aggiunto dall' art. 2, comma 1, lett. a), D.Lgs. 15
novembre 2012, n. 218.

(3) Il presente articolo è entrato in vigore il 13 febbraio 2013, ai sensi di quanto disposto dall'art. 119, comma 1, come sostituito dall'art. 9, comma 1, lett. a), D.Lgs. 15 novembre 2012, n. 218.

(4) Lettera così modificata dall' art. 26, comma 1, L. 17 ottobre 2017, n. 161

Art. 85. Soggetti sottoposti alla verifica antimafia

1. La documentazione antimafia, se si tratta di imprese individuali, deve riferirsi al titolare ed al direttore tecnico, ove previsto.

2. La documentazione antimafia, se si tratta di associazioni, imprese, società, consorzi e raggruppamenti temporanei di imprese, deve riferirsi, oltre che al direttore tecnico, ove previsto:

a)   per le associazioni, a chi ne ha la legale rappresentanza;

b)   per le società di capitali, anche consortili ai sensi dell'articolo 2615-ter del codice civile, per le società cooperative, per i consorzi di cooperative, per i consorzi di cui al libro quinto, titolo X, capo II, sezione II, del codice civile, al legale rappresentante e agli eventuali altri componenti l'organo di amministrazione nonché a ciascuno dei consorziati che nei consorzi e nelle società consortili detenga, anche indirettamente, una partecipazione pari almeno al 5 per cento; (⁴)

c)   per le società di capitali, anche al socio di maggioranza in caso di società con un numero di soci pari o inferiore a quattro, ovvero al socio in caso di società con socio unico;

d)   per i consorzi di cui all'articolo 2602 del codice civile e per i gruppi europei di interesse economico, a chi ne ha la rappresentanza e agli imprenditori o società consorziate; (¹)

e)   per le società semplice e in nome collettivo, a tutti i soci;

f)   per le società in accomandita semplice, ai soci accomandatari;

g)   per le società di cui all'articolo 2508 del codice civile, a coloro che le rappresentano stabilmente nel territorio dello Stato;

h)   per i raggruppamenti temporanei di imprese, alle imprese costituenti il raggruppamento anche se aventi sede all'estero, secondo le modalità indicate nelle lettere precedenti;

i)   per le società personali ai soci persone fisiche delle società personali o di capitali che ne siano socie. 2-bis. Oltre a quanto previsto dal precedente comma 2, per le associazioni e società di qualunque tipo, anche prive di personalità giuridica, la documentazione antimafia è riferita anche ai soggetti membri del collegio sindacale o, nei casi contemplati dall'articolo 2477 del codice civile, al sindaco, nonché ai soggetti che svolgono i compiti di vigilanza di cui all'articolo 6, comma 1, lettera b) del decreto legislativo 8 giugno 2001, n. 231. (²)

2-ter. Per le società costituite all'estero, prive di una sede secondaria con rappresentanza stabile nel territorio dello Stato, la documentazione antimafia deve riferirsi a coloro che esercitano poteri di amministrazione, di rappresentanza o di direzione dell'impresa. (²)

2-quater. Per le società di capitali di cui alle lettere b) e c) del comma 2, concessionarie nel settore dei giochi pubblici, oltre a quanto previsto nelle medesime lettere, la documentazione antimafia deve riferirsi anche ai soci persone fisiche che detengono, anche indirettamente, una partecipazione al capitale o al patrimonio superiore al 2 per cento, nonché ai direttori generali e ai soggetti responsabili delle sedi secondarie o delle stabili organizzazioni in Italia di soggetti non residenti. Nell'ipotesi in cui i soci persone fisiche detengano la partecipazione superiore alla predetta soglia mediante altre società di capitali, la documentazione deve riferirsi anche al legale rappresentante e agli eventuali componenti dell'organo di amministrazione della società socia, alle persone fisiche che, direttamente o indirettamente, controllano tale società, nonché ai direttori generali e ai soggetti responsabili delle sedi secondarie o delle stabili organizzazioni in Italia di soggetti non residenti. La documentazione di cui

al periodo precedente deve riferirsi anche al coniuge non separato. (²)

3. L'informazione antimafia deve riferirsi anche ai familiari conviventi di maggiore età dei soggetti di cui ai commi 1, 2, 2-bis, 2-ter e 2-quater. (³)

(1) Lettera così modificata dall' art. 2, comma 1, lett. b), n. 1), D.Lgs. 15 novembre 2012, n. 218.
(2) Comma inserito dall' art. 2, comma 1, lett. b), n. 2), D.Lgs. 15 novembre 2012, n. 218.
(3) Comma modificato dall' art. 2, comma 1, lett. b), n. 3), D.Lgs. 15 novembre 2012, n. 218 e sostituito dall' art. 1, comma 1, lett. a), D.Lgs. 13 ottobre 2014, n. 153, a decorrere dal 26 novembre 2014, ai sensi di quanto disposto dall' art. 6, comma 1, del medesimo D.Lgs. n. 153/2014. Successivamente, il presente comma è stato così modificato dall' art. 1, comma 1, L. 6 agosto 2015, n. 121.
(4) Lettera così sostituita dall' art. 27, comma 1, L. 17 ottobre 2017, n. 161; successivamente, la presente lettera è stata così sostituita dall' art. 1, comma 244, L. 27 dicembre 2017, n. 205.

Art. 86. Validità della documentazione antimafia

1. La comunicazione antimafia, acquisita dai soggetti di cui all'articolo 83, commi 1 e 2, con le modalità di cui all'articolo 88, ha una validità di sei mesi dalla data dell'acquisizione. (¹)

2. L'informazione antimafia, acquisita dai soggetti di cui all'articolo 83, commi 1 e 2, con le modalità di cui all'articolo 92, ha una validità di dodici mesi dalla data dell'acquisizione, salvo che non ricorrano le modificazioni di cui al comma 3. (¹)

2-bis. Fino all'attivazione della banca dati nazionale unica, la documentazione antimafia, nei termini di validità di cui ai commi 1 e 2, è utilizzabile e produce i suoi effetti anche in altri procedimenti, diversi da quello per il quale è stata acquisita, riguardanti i medesimi soggetti. (²)

3. I legali rappresentanti degli organismi societari, nel termine di trenta giorni dall'intervenuta modificazione dell'assetto societario o gestionale dell'impresa, hanno l'obbligo di trasmettere al prefetto, che ha rilasciato l'informazione antimafia, copia degli atti dai quali risulta l'intervenuta modificazione relativamente ai soggetti destinatari di verifiche antimafia di cui all'articolo 85.

4. La violazione dell'obbligo di cui al comma 3 è punita con la sanzione amministrativa pecuniaria da 20.000 euro a 60.000 euro. Per il procedimento di accertamento e di contestazione dell'infrazione, nonché per quello di applicazione della relativa sanzione, si applicano, in quanto compatibili, le disposizioni della legge 24 novembre 1981, n. 689. La sanzione è irrogata dal prefetto.

5. I soggetti di cui all'articolo 83, commi 1 e 2, che acquisiscono la comunicazione antimafia, di data non anteriore a sei mesi, o l'informazione antimafia, di data non anteriore a dodici mesi, adottano il provvedimento richiesto e gli atti conseguenti o esecutivi, compresi i pagamenti, anche se il provvedimento o gli atti sono perfezionati o eseguiti in data successiva alla scadenza di validità della predetta documentazione antimafia.

(1)   *Comma così sostituito dall' art. 3, comma 1, D.Lgs. 15 novembre 2012, n. 218.*
(2)   *Comma inserito dall' art. 1, comma 1, lett. b), D.Lgs. 13 ottobre 2014, n. 153, a decorrere dal 26 novembre 2014, ai sensi di quanto disposto dall' art. 6, comma 1, del medesimo D.Lgs. n. 153/2014.*

Capo III - Comunicazioni antimafia

Art. 87. Competenza al rilascio della comunicazione antimafia

1. La comunicazione antimafia è acquisita mediante consultazione della banca dati nazionale unica da parte dei soggetti di cui all'articolo 97, comma 1, debitamente autorizzati, salvo i casi di cui all'articolo 88, commi 2, 3 e 3-bis. (¹)

2. Nei casi di cui all'articolo 88, commi 2, 3 e 3-bis, la comunicazione antimafia è rilasciata:

a) dal prefetto della provincia in cui le persone fisiche, le imprese, le associazioni o i consorzi risiedono o hanno la sede legale ovvero dal prefetto della provincia in cui è stabilita una sede secondaria con rappresentanza stabile nel territorio dello Stato per le società di cui all'articolo 2508 del codice civile;

b)   dal prefetto della provincia in cui i soggetti richiedenti di cui all'articolo 83, commi 1 e 2, hanno sede per le società costituite all'estero, prive di una sede secondaria con rappresentanza stabile nel

territorio dello Stato. (^{2})

3. Ai fini del rilascio della comunicazione antimafia le prefetture usufruiscono del collegamento alla banca

dati nazionale unica di cui al successivo capo V. (^{3})

(1) Comma modificato dall' art. 4, comma 1, lett. a), D.Lgs. 15 novembre 2012, n. 218 e, successivamente, così sostituito dall' art. 2, comma 1, lett. a), D.Lgs. 13 ottobre 2014, n. 153, a decorrere dal 26 novembre 2014, ai sensi di quanto disposto dall' art. 6, comma 1, del medesimo D.Lgs. n. 153/2014.

(2) Comma così sostituito dall' art. 2, comma 1, lett. a), D.Lgs. 13 ottobre 2014, n. 153, a decorrere dal 26 novembre 2014, ai sensi di quanto disposto dall' art. 6, comma 1, del medesimo D.Lgs. n. 153/2014.

(3) Comma così modificato dall' art. 5, comma 1, lett. c), D.Lgs. 13

ottobre 2014, n. 153, a decorrere dal 26 novembre 2014, ai sensi di quanto disposto dall' art. 6, comma 1, del medesimo D.Lgs. n. 153/2014.

Art. 88. Termini per il rilascio della comunicazione antimafia

1.   Il rilascio della comunicazione antimafia è immediatamente conseguente alla consultazione della banca dati nazionale unica quando non emerge, a carico dei soggetti ivi censiti, la sussistenza di cause di decadenza, di sospensione o di divieto di cui all'articolo 67. In tali casi, la comunicazione antimafia liberatoria attesta che la stessa è emessa utilizzando il collegamento alla banca dati nazionale unica. (^{1})

2.   Quando dalla consultazione della banca dati nazionale unica emerge la sussistenza di cause di decadenza, di sospensione o di divieto di cui all'articolo 67, il prefetto effettua le necessarie verifiche e accerta la corrispondenza dei motivi ostativi emersi dalla consultazione della banca dati nazionale unica alla situazione aggiornata del soggetto sottoposto agli accertamenti. (^{2})

3.   Qualora le verifiche effettuate ai sensi del comma 2 diano esito positivo, il prefetto rilascia la comunicazione antimafia interdittiva ovvero, nel caso in cui le verifiche medesime diano esito negativo, il prefetto rilascia la comunicazione antimafia liberatoria attestando che la stessa è emessa utilizzando il collegamento alla banca dati nazionale unica. (^{2}) 3-bis. Il prefetto procede alle stesse verifiche quando la consultazione della banca dati nazionale unica è eseguita per un soggetto che risulti non censito. (^{3}) 4. Nei casi previsti dai commi 2, 3 e 3-bis, il prefetto rilascia la comunicazione antimafia entro trenta giorni dalla data della consultazione di cui all'articolo 87, comma 1. (^{4})

4-bis. Decorso il termine di cui al comma 4, i soggetti di cui all'articolo 83, commi 1 e 2, procedono anche in assenza della comunicazione antimafia, previa acquisizione dell'autocertificazione di cui all'articolo 89. In tale caso, i contributi, i finanziamenti, le agevolazioni e le altre erogazioni di cui all'articolo 67 sono corrisposti sotto condizione risolutiva e i soggetti di cui all'articolo 83, commi 1 e 2, revocano le autorizzazioni e le concessioni o recedono dai contratti, fatto salvo il pagamento del valore delle opere già eseguite e il rimborso delle spese sostenute per l'esecuzione del rimanente, nei limiti delle utilità conseguite. ([5])

4-ter. La revoca e il recesso di cui al comma 4-bis si applicano anche quando la sussistenza delle cause di decadenza, di sospensione o di divieto di cui all'articolo 67 è accertata successivamente alla stipula del contratto, alla concessione di lavori o all'autorizzazione al subcontratto. ([5])

4-quater. Il versamento delle erogazioni di cui all'articolo 67, comma 1, lettera g) può essere in ogni caso sospeso fino alla ricezione da parte dei soggetti richiedenti di cui all'articolo 83, commi 1 e 2, della comunicazione antimafia liberatoria. ([5])

4-quinquies. La comunicazione antimafia interdittiva è comunicata dal prefetto, entro cinque giorni dalla sua adozione, all'impresa, società o associazione interessata, secondo le modalità previste dall'articolo 79, comma 5-bis, del decreto legislativo 12 aprile 2006, n. 163. ([5])

(1) Comma così modificato dall' art. 4, comma 1, lett. b), n. 1), D.Lgs. 15 novembre 2012, n. 218 e,
successivamente, dall' art. 5, comma 1, lett. c), D.Lgs. 13 ottobre 2014, n. 153, a decorrere dal 26 novembre 2014, ai sensi di quanto disposto dall' art. 6, comma 1, del medesimo D.Lgs. n. 153/2014.

(2) Comma così modificato dall' art. 5, comma 1, lett. c), D.Lgs. 13 ottobre 2014, n. 153, a decorrere dal 26 novembre 2014, ai sensi di quanto disposto dall' art. 6, comma 1, del medesimo D.Lgs. n. 153/2014.

(3) Comma inserito dall' art. 4, comma 1, lett. b), n. 2), D.Lgs. 15 novembre 2012, n. 218 e, successivamente, dall' art. 5, comma 1, lett. d), D.Lgs. 13 ottobre 2014, n. 153, a decorrere dal 26 novembre 2014, ai sensi di quanto disposto dall' art. 6, comma 1, del medesimo D.Lgs. n. 153/2014.

(4) Comma così sostituito dall' art. 2, comma 1, lett. b), n. 1), D.Lgs. 13 ottobre 2014, n. 153, a decorrere dal 26 novembre 2014, ai sensi di quanto disposto dall' art. 6, comma 1, del medesimo D.Lgs. n. 153/2014.

(5) Comma aggiunto dall' art. 2, comma 1, lett. b), n. 2), D.Lgs. 13 ottobre 2014, n. 153, a decorrere dal 26 novembre 2014, ai sensi di quanto disposto dall' art. 6, comma 1, del medesimo D.Lgs. n. 153/2014.

Art. 89. Autocertificazione

1. Fuori dei casi in cui è richiesta l'informazione antimafia e salvo quanto previsto dall'articolo 88, comma 4-bis, i contratti e subcontratti relativi a lavori, servizi o forniture dichiarati urgenti ed i provvedimenti di rinnovo conseguenti a provvedimenti già disposti, sono stipulati, autorizzati o adottati previa acquisizione di apposita dichiarazione con la quale l'interessato attesti che nei propri confronti non sussistono le cause di divieto, di decadenza o di sospensione di

cui all'articolo 67. La dichiarazione deve essere sottoscritta con le modalità di cui all'articolo 38 del decreto del Presidente della Repubblica 28 dicembre 2000, n. 445. (^{1})

2.　　La predetta dichiarazione è resa dall'interessato anche quando gli atti e i provvedimenti della pubblica amministrazione riguardano:

a)　　attività private, sottoposte a regime autorizzatorio, che possono essere intraprese su segnalazione certificata di inizio attività da parte del privato alla pubblica amministrazione competente;

b)　　attività private sottoposte alla disciplina del silenzio-assenso, indicate nella tabella C annessa al regolamento approvato con decreto del Presidente della Repubblica 26 aprile 1992, n. 300, e successive modificazioni.

(1) Comma così modificato dall' art. 2, comma 1, lett. c), D.Lgs. 13 ottobre 2014, n. 153, a decorrere dal 26 novembre 2014, ai sensi di quanto disposto dall' art. 6, comma 1, del medesimo D.Lgs. n. 153/2014.

Art. 89-bis. Accertamento di tentativi di infiltrazione mafiosa in esito alla richiesta di comunicazione antimafia (^{1})

1.　　Quando in esito alle verifiche di cui all'articolo 88, comma 2, venga accertata la sussistenza di tentativi di infiltrazione mafiosa, il prefetto adotta comunque un'informazione antimafia interdittiva e ne dà comunicazione ai soggetti richiedenti di cui all'articolo 83, commi 1 e 2, senza emettere la comunicazione antimafia.

2.　　L'informazione antimafia adottata ai sensi del comma 1 tiene luogo della comunicazione antimafia richiesta.

(1) Articolo inserito dall' art. 2, comma 1, lett. d), D.Lgs. 13 ottobre 2014, n. 153, a decorrere dal 26 novembre 2014, ai sensi di quanto disposto dall' art. 6, comma 1, del medesimo D.Lgs. n. 153/2014.

Capo IV - Informazioni antimafia

Art. 90. Competenza al rilascio dell'informazione antimafia

1.　　L'informazione antimafia è conseguita mediante consultazione della banca dati nazionale unica da parte dei soggetti di cui all'articolo 97, comma 1, debitamente autorizzati, salvo i casi di cui all'articolo 92, commi 2 e 3. (^{1})

2.　　Nei casi di cui all'articolo 92, commi 2 e 3, l'informazione antimafia è rilasciata:

a)　　dal prefetto della provincia in cui le persone fisiche, le imprese, le associazioni o i consorzi risiedono o hanno la sede legale ovvero dal prefetto della provincia in cui è stabilita una sede secondaria con rappresentanza stabile nel territorio dello Stato per le società di cui all'articolo 2508 del codice civile;

b)　　dal prefetto della provincia in cui i soggetti richiedenti di cui all'articolo 83, commi 1 e 2, hanno sede per le società costituite all'estero, prive di una sede secondaria con rappresentanza stabile nel territorio dello Stato. (¹)

3. Ai fini del rilascio dell'informazione antimafia le prefetture usufruiscono del collegamento alla banca dati nazionale unica di cui al capo V. (²)

(1) Comma così sostituito dall' art. 3, comma 1, lett. a), D.Lgs. 13 ottobre 2014, n. 153, a decorrere dal 26 novembre 2014, ai sensi di quanto disposto dall' art. 6, comma 1, del medesimo D.Lgs. n. 153/2014.

(2) Comma così modificato dall' art. 5, comma 1, lett. c), D.Lgs. 13

ottobre 2014, n. 153, a decorrere dal 26 novembre 2014, ai sensi di quanto disposto dall' art. 6, comma 1, del medesimo D.Lgs. n. 153/2014.

Art. 91. Informazione antimafia

1. I soggetti di cui all'articolo 83, commi 1 e 2, devono acquisire l'informazione di cui all'articolo 84, comma 3, prima di stipulare, approvare o autorizzare i contratti e subcontratti, ovvero prima di rilasciare o consentire i provvedimenti indicati nell'articolo 67, il cui valore sia:

a) pari o superiore a quello determinato dalla legge in attuazione delle direttive comunitarie in materia di opere e lavori pubblici, servizi pubblici e pubbliche forniture, indipendentemente dai casi di esclusione ivi indicati;

b) superiore a 150.000 euro per le concessioni di acque pubbliche o di beni demaniali per lo svolgimento di attività imprenditoriali, ovvero per la concessione di contributi, finanziamenti e agevolazioni su mutuo o altre

erogazioni dello stesso tipo per lo svolgimento di attività imprenditoriali;

c) superiore a 150.000 euro per l'autorizzazione di subcontratti, cessioni, cottimi, concernenti la realizzazione di opere o lavori pubblici o la prestazione di servizi o forniture pubbliche.

1-bis. L'informazione antimafia è sempre richiesta nelle ipotesi di concessione di terreni agricoli demaniali che ricadono nell'ambito dei regimi di sostegno previsti dalla politica agricola comune, a prescindere dal loro valore complessivo, nonché su tutti i terreni agricoli, a qualunque titolo acquisiti, che usufruiscono di fondi europei per un importo superiore a 5.000 euro (⁷)

2. È vietato, a pena di nullità, il frazionamento dei contratti, delle concessioni o delle erogazioni compiuto allo scopo di eludere l'applicazione del presente articolo.

3. La richiesta dell'informazione antimafia deve essere effettuata attraverso la banca dati nazionale unica al momento dell'aggiudicazione del contratto ovvero trenta giorni prima della stipula del subcontratto. (⁵) 4. L'informazione antimafia è richiesta dai soggetti interessati di cui all'articolo 83, commi 1 e 2, che devono indicare:

a) la denominazione dell'amministrazione, ente, azienda, società o impresa che procede all'appalto, concessione o erogazione o che è tenuta ad autorizzare il subcontratto, la cessione o il cottimo;

b) l'oggetto e il valore del contratto, subcontratto, concessione o erogazione;

c) gli estremi della deliberazione dell'appalto o della concessione ovvero del titolo che legittima l'erogazione;

d) le complete generalità dell'interessato e, ove previsto, del direttore tecnico o, se trattasi di società, impresa, associazione o consorzio, la denominazione e la sede, nonché le complete generalità degli altri soggetti di cui all'articolo 85;

[e) nel caso di società consortili o di consorzi, le complete generalità dei consorziati che detengono una quota superiore al 10 per cento del capitale o del fondo consortile e quelli che detengono una partecipazione inferiore al 10 per cento e che hanno stipulato un patto parasociale riferibile a una partecipazione pari o superiore al 10 per cento, nonché dei consorziati per conto dei quali la società consortile o il consorzio opera nei confronti della pubblica amministrazione (¹).]

5. Il prefetto competente estende gli accertamenti pure ai soggetti che risultano poter determinare in qualsiasi modo le scelte o gli indirizzi dell'impresa. Per le imprese costituite all'estero e prive di sede secondaria nel territorio dello Stato, il prefetto svolge accertamenti nei riguardi delle persone fisiche che esercitano poteri di amministrazione, di rappresentanza o di direzione. A tal fine,

il prefetto verifica l'assenza delle cause di decadenza, di sospensione o di divieto, di cui all'articolo 67, e accerta se risultano elementi dai quali sia possibile desumere la sussistenza di tentativi di infiltrazione mafiosa, anche attraverso i collegamenti informatici di cui all'articolo 98, comma 3. Il prefetto, anche sulla documentata richiesta dell'interessato, aggiorna l'esito dell'informazione al venir meno delle circostanze rilevanti ai fini dell'accertamento dei tentativi di infiltrazione mafiosa. (²)

6. Il prefetto può, altresì, desumere il tentativo di infiltrazione mafiosa da provvedimenti di condanna anche non definitiva per reati strumentali all'attività delle organizzazioni criminali unitamente a concreti elementi da cui risulti che l'attività d'impresa possa, anche in modo indiretto, agevolare le attività criminose o esserne in qualche modo condizionata, nonché dall'accertamento delle violazioni degli obblighi di tracciabilità dei flussi finanziari di cui all'articolo 3 della legge 13 agosto 2010, n. 136, commesse con la condizione della reiterazione prevista dall'articolo 8-bis della legge 24 novembre 1981, n. 689. In tali casi, entro il termine di cui all'articolo 92, rilascia l'informazione antimafia interdittiva. (³)

7. Con regolamento, adottato con decreto del Ministro dell'interno, di concerto con il Ministro della giustizia, con il Ministro delle infrastrutture e dei trasporti e con il Ministro dello sviluppo economico, ai sensi dell'articolo 17, comma 3, della legge n. 400 del 1988, sono individuate le diverse tipologie di attività suscettibili di infiltrazione mafiosa nell'attività di impresa per le quali, in relazione allo specifico settore d'impiego e alle situazioni ambientali che determinano un maggiore rischio di infiltrazione mafiosa, è sempre obbligatoria l'acquisizione della documentazione indipendentemente dal valore del contratto, subcontratto, concessione, erogazione o provvedimento di cui all'articolo 67.

7-bis. Ai fini dell'adozione degli ulteriori provvedimenti di competenza di altre amministrazioni, l'informazione antimafia interdittiva, anche emessa in esito all'esercizio dei poteri di accesso, è tempestivamente comunicata anche in via telematica:

a) alla Direzione nazionale antimafia e antiterrorismo e ai soggetti di cui agli articoli 5, comma 1, e 17, comma 1; ([6])

b) al soggetto di cui all'articolo 83, commi 1 e 2, che ha richiesto il rilascio dell'informazione antimafia;

c) alla camera di commercio del luogo dove ha sede legale l'impresa oggetto di accertamento;

d) al prefetto che ha disposto l'accesso, ove sia diverso da quello che ha adottato l'informativa antimafia interdittiva;

e) all'osservatorio centrale appalti pubblici, presso la direzione investigativa antimafia;

f) all'osservatorio dei contratti pubblici relativi ai lavori, servizi e forniture istituito presso l'Autorità per la vigilanza sui contratti pubblici, ai fini dell'inserimento nel casellario informatico di cui all'articolo 7, comma 10, del decreto legislativo 12 aprile 2006, n. 163, e nella Banca dati nazionale dei contratti pubblici di cui all'articolo 62-bis del decreto legislativo 7 marzo 2005, n. 82;

g) all'Autorità garante della concorrenza e del mercato per le finalità previste dall'articolo 5-ter del decreto-legge 24 gennaio 2012, n. 1, convertito, con modificazioni, dalla legge 24 marzo 2012, n. 27; h) al Ministero delle infrastrutture e trasporti;

i) al Ministero dello sviluppo economico;

l) agli uffici delle Agenzie delle entrate, competenti per il luogo dove ha sede legale l'impresa nei cui confronti è stato richiesto il rilascio dell'informazione antimafia. ([4])

---

(1) Lettera soppressa dall'art. 4, comma 1, lett. c), n. 1), D.Lgs. 15 novembre 2012, n. 218.

(2) Comma così modificato dall' art. 4, comma 1, lett. c), n. 2), D.Lgs. 15 novembre 2012, n. 218.

(3) Comma così modificato dall' art. 4, comma 1, lett. c), n. 3), D.Lgs. 15 novembre 2012, n. 218.

(4) Comma aggiunto dall' art. 4, comma 1, lett. c), n. 4), D.Lgs. 15 novembre 2012, n. 218.

(5) Comma così modificato dall' art. 5, comma 1, lett. c), D.Lgs. 13 ottobre 2014, n. 153, a

decorrere dal 26 novembre 2014, ai sensi di quanto disposto dall' art. 6, comma 1, del medesimo D.Lgs. n. 153/2014.

(6) Nel presente provvedimento le parole: «Direzione nazionale antimafia» sono state sostituite dalle seguenti: «Direzione nazionale antimafia e antiterrorismo», ai sensi di quanto disposto dall' art. 20, comma 4, D.L. 18 febbraio 2015, n. 7, convertito, con modificazioni, dalla L. 17 aprile 2015, n. 43.

(7) Comma inserito dall' art. 28, comma 1, L. 17 ottobre 2017, n. 161 e, successivamente, così modificato dall' art. 19-terdecies, comma 1, lett. b), D.L. 16 ottobre 2017, n. 148, convertito, con modificazioni, dalla L. 4 dicembre 2017, n. 172.

Art. 92. Termini per il rilascio delle informazioni 1.

Il rilascio dell'informazione antimafia è immediatamente conseguente alla consultazione della banca dati nazionale unica quando non emerge, a carico dei soggetti ivi censiti, la sussistenza di cause di decadenza, di sospensione o di divieto di cui all'articolo 67 o di un tentativo di infiltrazione mafiosa di cui all'articolo 84, comma 4. In tali casi l'informazione antimafia liberatoria attesta che la stessa è emessa utilizzando il collegamento alla banca dati nazionale unica. (¹)

2. Fermo restando quanto previsto dall'articolo 91, comma 6, quando dalla consultazione della banca dati nazionale unica emerge la sussistenza di cause di decadenza, di sospensione o di divieto di cui all'articolo 67 o di un tentativo di infiltrazione mafiosa di cui all'articolo 84, comma 4, il prefetto dispone le necessarie verifiche e rilascia

l'informazione antimafia interdittiva entro trenta giorni dalla data della consultazione. Quando le verifiche disposte siano di particolare complessità, il prefetto ne dà comunicazione senza ritardo all'amministrazione interessata, e fornisce le informazioni acquisite nei successivi quarantacinque giorni. Il prefetto procede con le stesse modalità quando la consultazione della banca dati nazionale unica è eseguita per un soggetto che risulti non censito. (²)

2-bis. L'informazione antimafia interdittiva è comunicata dal prefetto, entro cinque giorni dalla sua adozione, all'impresa, società o associazione interessata, secondo le modalità previste dall'articolo 79, comma 5-bis, del decreto legislativo 12 aprile 2006, n. 163. Il prefetto, adottata l'informazione antimafia interdittiva, verifica altresì la sussistenza dei presupposti per l'applicazione delle misure di cui all'articolo 32, comma 10, del decreto-legge 24 giugno 2014, n. 90, convertito, con modificazioni, dalla legge 11 agosto 2014, n. 114, e, in caso positivo, ne informa tempestivamente il Presidente dell'Autorità nazionale anticorruzione. (³)

3. Decorso il termine di cui al comma 2, primo periodo, ovvero, nei casi di urgenza, immediatamente, i soggetti di cui all'articolo 83, commi 1 e 2, procedono anche in assenza dell'informazione antimafia. I contributi, i finanziamenti, le agevolazioni e le altre erogazioni di cui all'articolo 67 sono corrisposti sotto condizione risolutiva e i soggetti di cui all'articolo 83, commi 1 e 2, revocano le autorizzazioni e le concessioni o recedono dai contratti, fatto salvo il pagamento del valore delle opere già eseguite e il rimborso delle spese sostenute per l'esecuzione del rimanente, nei limiti delle utilità conseguite. (⁴) 4. La revoca e il recesso di cui al comma 3 si applicano anche quando gli elementi relativi a tentativi di infiltrazione mafiosa siano accertati successivamente alla stipula del contratto, alla concessione dei lavori o all'autorizzazione del subcontratto.

5. Il versamento delle erogazioni di cui all'articolo 67, comma 1, lettera g), può essere in ogni caso sospeso fino alla ricezione da parte dei soggetti richiedenti di cui all'articolo 83, commi 1 e 2, dell'informazione

antimafia liberatoria. (⁵)

(1)   Comma così modificato dall' art. 5, comma 1, lett. a), n. 1), D.Lgs. 15 novembre 2012, n. 218 e, successivamente, dall' art. 5, comma 1, lett. c), D.Lgs. 13 ottobre 2014, n. 153, a decorrere dal 26 novembre 2014, ai sensi di quanto disposto dall' art. 6, comma 1, del medesimo D.Lgs. n. 153/2014.
(2)   Comma modificato dall' art. 5, comma 1, lett. a), n. 2), D.Lgs. 15 novembre 2012, n. 218 e, successivamente, così sostituito dall' art. 3, comma 1, lett. b), n. 1), D.Lgs. 13 ottobre 2014, n. 153, a decorrere dal 26 novembre 2014, ai sensi di quanto disposto dall' art. 6, comma 1, del medesimo D.Lgs. n. 153/2014.
(3)   Comma inserito dall' art. 3, comma 1, lett. b), n. 2), D.Lgs. 13 ottobre 2014, n. 153, a decorrere dal 26 novembre 2014, ai sensi di quanto

disposto dall' art. 6, comma 1, del medesimo D.Lgs. n. 153/2014.
(4)   Comma così sostituito dall' art. 3, comma 1, lett. b), n. 3), D.Lgs. 13 ottobre 2014, n. 153, a decorrere dal 26 novembre 2014, ai sensi di quanto disposto dall' art. 6, comma 1, del medesimo D.Lgs. n. 153/2014.
(5)   Comma così sostituito dall' art. 3, comma 1, lett. b), n. 4), D.Lgs. 13 ottobre 2014, n. 153, a decorrere dal 26 novembre 2014, ai sensi di quanto disposto dall' art. 6, comma 1, del medesimo D.Lgs. n. 153/2014.

Art. 93. Poteri di accesso e accertamento del prefetto

1. Per l'espletamento delle funzioni volte a prevenire infiltrazioni mafiose nei pubblici appalti, il prefetto dispone accessi ed accertamenti nei cantieri delle imprese interessate all'esecuzione di lavori pubblici, avvalendosi, a tal fine, dei gruppi interforze di cui all'articolo 5, comma 3, del decreto del Ministro dell'interno 14 marzo 2003, pubblicato nella Gazzetta Ufficiale n. 54 del 5 marzo 2004.

2.   Ai fini di cui al comma 1 sono imprese interessate all'esecuzione di lavori pubblici tutti i soggetti che intervengono a qualunque titolo nel ciclo di realizzazione dell'opera, anche con noli e forniture di beni e prestazioni di servizi, ivi compresi quelli di natura intellettuale, qualunque sia l'importo dei relativi contratti o dei subcontratti.

3.   Al termine degli accessi ed accertamenti disposti dal prefetto, il gruppo interforze redige, entro trenta

giorni, la relazione contenente i dati e le informazioni acquisite nello svolgimento dell'attività ispettiva, trasmettendola al prefetto che ha disposto l'accesso.

4.　Il prefetto, acquisita la relazione di cui al comma 3, fatta salva l'ipotesi di cui al comma 5, valuta se dai dati raccolti possano desumersi, in relazione all'impresa oggetto di accertamento e nei confronti dei soggetti che risultano poter determinare in qualsiasi modo le scelte o gli indirizzi dell'impresa stessa, elementi relativi a tentativi di infiltrazione mafiosa di cui all'articolo 84, comma 4 ed all'articolo 91, comma 6. In tal caso, il prefetto emette, entro quindici giorni dall'acquisizione della relazione del gruppo interforze, l'informazione interdittiva, previa eventuale audizione dell'interessato secondo le modalità individuate dal successivo comma 7. (¹)

5.　Qualora si tratti di impresa avente sede in altra provincia, il prefetto che ha disposto l'accesso trasmette senza ritardo gli atti corredati dalla relativa documentazione al prefetto competente,　che provvede secondo le modalità stabilite nel comma 4.

[6. Ai fini dell'adozione degli ulteriori provvedimenti di competenza di altre amministrazioni, dell'informazione è data tempestiva comunicazione, anche in via telematica, a cura del prefetto, ai seguenti soggetti:

a) stazione appaltante;

b) Camera di commercio del luogo ove ha sede l'impresa oggetto di accertamento;

c) prefetto che ha disposto l'accesso;

d) Osservatorio centrale appalti pubblici, presso la direzione investigativa antimafia;

e) Osservatorio dei contratti pubblici relativi a lavori, servizi e forniture istituito presso l'Autorità di vigilanza sui contratti pubblici, ai fini dell'inserimento nel casellario informatico di cui all'articolo 7, comma 10, del decreto legislativo 12 aprile 2006, n. 163;

f) Ministero delle infrastrutture e dei trasporti;

g) Ministero dello sviluppo economico. (²)]

7.　Il prefetto competente al rilascio dell'informazione, ove lo ritenga utile, sulla base della documentazione e delle informazioni acquisite invita, in sede di audizione personale, i soggetti interessati a produrre, anche allegando elementi documentali, ogni informazione ritenuta utile.

8.　All'audizione di cui al comma 7, si provvede mediante comunicazione formale da inviarsi al responsabile legale dell'impresa, contenente l'indicazione della data e dell'ora e dell'Ufficio della prefettura ove dovrà essere sentito l'interessato ovvero persona da lui delegata.

9.　Dell'audizione viene redatto apposito verbale in duplice originale, di cui uno consegnato nelle mani dell'interessato.

10. I dati acquisiti nel corso degli accessi di cui al presente articolo devono essere inseriti a cura della Prefettura della provincia in cui è stato effettuato l'accesso, nel sistema informatico, costituito presso la Direzione investigativa antimafia, previsto dall'articolo 5, comma 4, del citato decreto del Ministro dell'interno in data 14 marzo 2003.

11. Al fine di rendere omogenea la raccolta dei dati di cui al precedente comma su tutto il territorio nazionale, il personale incaricato di effettuare le attività di accesso e accertamento nei cantieri si avvale di apposite schede informative predisposte dalla Direzione investigativa antimafia e da questa rese disponibili attraverso il collegamento telematico di interconnessione esistente con le Prefetture - Uffici Territoriali del Governo.

(1) Comma così modificato dall' art. 8, comma 1, lett. a), D.Lgs. 15
novembre 2012, n. 218.
(2) Comma abrogato dall' art. 5, comma 1, lett. b), D.Lgs. 15
novembre 2012, n. 218.

Art. 94. Effetti delle informazioni del prefetto

1. Quando emerge la sussistenza di cause di decadenza, di sospensione o di divieto di cui all'articolo 67 o di un tentativo di infiltrazione mafiosa, di cui all'articolo 84, comma 4 ed all'articolo 91, comma 6, nelle società o imprese interessate, i soggetti di cui all'articolo 83, commi 1 e 2 cui sono fornite le informazioni antimafia, non possono stipulare, approvare o autorizzare i contratti o subcontratti, né autorizzare, rilasciare o comunque consentire le concessioni e le erogazioni. ([1])

2. Qualora il prefetto non rilasci l'informazione interdittiva entro i termini previsti, ovvero nel caso di lavori o forniture di somma urgenza di cui all'articolo 92, comma 3 qualora la sussistenza di una causa di divieto indicata nell'articolo 67 o gli elementi relativi a tentativi di infiltrazione mafiosa di cui all'articolo 84, comma 4, ed all'articolo 91 comma 6, siano accertati successivamente alla stipula del contratto, i soggetti di cui all'articolo 83, commi 1 e 2, salvo quanto previsto al comma 3, revocano le autorizzazioni e le concessioni o recedono dai contratti fatto salvo il pagamento del valore delle opere già eseguite e il rimborso delle spese sostenute per l'esecuzione del rimanente, nei limiti delle utilità conseguite. ([1]) 3. I soggetti di cui all'articolo 83, commi 1 e 2, non procedono alle revoche o ai recessi di cui al comma precedente nel caso in cui l'opera sia in corso di ultimazione ovvero, in caso di fornitura di beni e servizi ritenuta essenziale per il perseguimento dell'interesse pubblico, qualora il soggetto che la fornisce non sia sostituibile in tempi rapidi.

4. Le disposizioni di cui ai commi 2 e 3 si applicano anche nel caso in cui emergano elementi relativi a tentativi di infiltrazione.

(1) Comma così modificato dall' art. 8, comma 1, lett. a), D.Lgs. 15 novembre 2012, n. 218.

Art. 95. Disposizioni relative ai contratti pubblici 1. Se taluna delle situazioni da cui emerge un tentativo di infiltrazione mafiosa, di cui all'articolo 84, comma 4, ed all'articolo 91, comma 6, interessa un'impresa diversa da quella mandataria che partecipa ad un'associazione o raggruppamento temporaneo di imprese, le cause di divieto o di sospensione di cui all'articolo 67 non operano nei confronti delle altre imprese partecipanti quando la predetta impresa sia estromessa o sostituita anteriormente alla stipulazione del contratto. La sostituzione può essere effettuata entro trenta giorni dalla comunicazione delle informazioni del prefetto qualora esse pervengano successivamente alla stipulazione del contratto. (1)

2. Le disposizioni del comma 1 si applicano anche nel caso di consorzi non obbligatori.

3. Il prefetto della provincia interessata all'esecuzione dei contratti di cui all'articolo 91, comma 1, lettera a) è tempestivamente informato dalla stazione appaltante della pubblicazione del bando di gara e svolge gli accertamenti preliminari sulle imprese locali per le quali il rischio di tentativi di infiltrazione mafiosa, nel caso di partecipazione, è ritenuto maggiore. L'accertamento di una delle situazioni da cui emerge un tentativo di infiltrazione mafiosa, di cui all'articolo 84, comma 4, ed all'articolo 91, comma 6, comporta il divieto della stipula del contratto, nonché del subappalto, degli altri subcontratti, delle cessioni o dei cottimi, comunque denominati, indipendentemente dal valore. (1)

(1) Comma così modificato dall' art. 8, comma 1, lett. a), D.Lgs. 15 novembre 2012, n. 218.

Capo V - Banca dati nazionale unica della documentazione antimafia

Art. 96. Istituzione della banca dati nazionale unica della documentazione antimafia

1. Presso il Ministero dell'interno, Dipartimento per le politiche del personale dell'amministrazione civile e per le risorse strumentali e finanziarie è istituita la banca dati nazionale unica della documentazione antimafia, di seguito denominata «banca dati nazionale unica». (1)

2. Al fine di verificare la sussistenza di una delle cause di decadenza, di

sospensione o di divieto di cui all'articolo 67 o di un tentativo di infiltrazione mafiosa di cui all'articolo 84, comma 4, la banca dati nazionale unica è collegata telematicamente con il Centro elaborazione dati di cui all'articolo 8 della legge 1° aprile 1981, n. 121. ([2])

(1) Comma così modificato dall' art. 5, comma 1, lett. b), D.Lgs. 13 ottobre 2014, n. 153, a decorrere dal 26 novembre 2014, ai sensi di quanto disposto dall' art. 6, comma 1, del medesimo D.Lgs. n. 153/2014.

(2) Comma così modificato dall' art. 5, comma 1, lett. c), D.Lgs. 13
ottobre 2014, n. 153, a decorrere dal 26 novembre 2014, ai sensi di quanto disposto dall' art. 6, comma 1, del medesimo D.Lgs. n. 153/2014.

Art. 97. Consultazione della banca dati nazionale unica ([2])

1.   Ai fini del rilascio della documentazione antimafia, la banca dati nazionale unica può essere consultata, secondo le modalità di cui al regolamento previsto dall'articolo 99, da: ([3])

a)   i soggetti indicati dall'articolo 83, commi 1 e 2, del presente decreto;

b)   le camere di commercio, industria, artigianato e agricoltura;

c)   gli ordini professionali; c-bis) l'Autorità per la vigilanza sui contratti pubblici di lavori, servizi e forniture, per le finalità di cui all'articolo 6-bis del codice di cui al decreto legislativo 12 aprile 2006, n. 163 ([1]).

(1) Lettera aggiunta dall' art. 2, comma 13-ter, D.L. 31 agosto 2013, n. 101, convertito, con modificazioni, dalla L. 30 ottobre 2013, n. 125.

(2) Rubrica così modificata dall' art. 5, comma 1, lett. c), D.Lgs. 13 ottobre 2014, n. 153, a decorrere dal 26 novembre 2014, ai sensi di quanto disposto dall' art. 6, comma 1, del medesimo D.Lgs. n. 153/2014.

(3) Comma così modificato dall' art. 5, comma 1, lett. c), D.Lgs. 13
ottobre 2014, n. 153, a decorrere dal 26 novembre 2014, ai sensi di quanto disposto dall' art. 6, comma 1, del medesimo D.Lgs. n. 153/2014.

Art. 98. Contenuto della banca dati nazionale unica ([1])

1.   Nella banca dati nazionale unica sono contenute le comunicazioni e le informazioni antimafia, liberatorie ed interdittive. ([2])

2.   La banca dati nazionale unica, tramite il collegamento al sistema informatico costituito presso la Direzione investigativa antimafia di cui all'articolo 5, comma 4, del decreto del Ministro dell'interno in data 14 marzo 2003, consente la consultazione dei dati acquisiti nel corso degli accessi nei cantieri delle imprese interessate all'esecuzione di lavori pubblici disposti dal prefetto. ([2])

3.   La banca dati nazionale unica, tramite il collegamento ad altre banche dati, può contenere ulteriori dati anche provenienti dall'estero. ([2])

(1) Rubrica così modificata dall' art. 5, comma 1, lett. c), D.Lgs. 13 ottobre 2014, n. 153, a decorrere dal 26 novembre 2014, ai sensi di

quanto disposto dall' art. 6, comma 1, del medesimo D.Lgs. n. 153/2014.

(2) Comma così modificato dall' art. 5, comma 1, lett. c), D.Lgs. 13

ottobre 2014, n. 153, a decorrere dal 26 novembre 2014, ai sensi di quanto disposto dall' art. 6, comma 1, del medesimo D.Lgs. n. 153/2014.

Art. 99. Modalità di funzionamento della banca dati nazionale unica ([1])

1. Con uno o più regolamenti ai sensi dell'articolo 17, comma 3, della legge 23 agosto 1988, n. 400, da adottarsi, entro sei mesi dalla data di entrata in vigore del presente decreto, su proposta del Ministro dell'interno, di concerto con i Ministri della pubblica amministrazione e dell'innovazione, della giustizia, dello sviluppo economico e delle infrastrutture e dei trasporti, sentito il Garante per la protezione dei dati personali, sono disciplinate le modalità:

a) di funzionamento della banca dati nazionale unica; ([2])

b) di autenticazione, autorizzazione e di registrazione degli accessi e delle operazioni effettuate sulla banca dati nazionale unica; ([2])

c) di accesso da parte del personale delle Forze di polizia e dell'Amministrazione civile dell'interno;

d) di accesso da parte della Direzione nazionale antimafia e antiterrorismo per lo svolgimento dei compiti previsti dall'articolo 371-bis del codice di procedura penale; ([5])

e) di consultazione da parte dei soggetti di cui all'articolo 97, comma 1;

f) di collegamento con il Centro Elaborazione Dati di cui all'articolo 96.

2. Il sistema informatico, comunque, garantisce l'individuazione del soggetto che effettua ciascuna interrogazione e conserva la traccia di ciascun accesso. 2-bis. Fino all'attivazione della banca dati nazionale unica, e comunque non oltre dodici mesi dalla data di pubblicazione nella Gazzetta Ufficiale del primo dei regolamenti di cui al comma 1, i soggetti di cui all'articolo 83, commi 1 e 2, acquisiscono d'ufficio tramite le prefetture la documentazione antimafia. A tali fini, le prefetture utilizzano il collegamento informatico al Centro elaborazione dati di cui all'articolo 8 della legge 1° aprile 1981, n. 121, al fine di verificare la sussistenza di una delle cause di decadenza, di sospensione o di divieto di cui all'articolo 67 o di un tentativo di infiltrazione mafiosa di cui all'articolo 84, comma 4, e all'articolo 91, comma 6, nonché i collegamenti informatici o telematici, attivati in attuazione del decreto del Presidente della Repubblica 3 giugno 1998, n. 252. In ogni caso, si osservano per il rilascio della documentazione antimafia i termini di cui agli articoli 88 e 92. ([3])

2-ter. Con uno dei regolamenti di cui al comma 1 possono essere disciplinate le modalità con le quali la banca dati nazionale unica acquisisce, attraverso l'Anagrafe nazionale della popolazione residente di cui all'articolo 62 del decreto legislativo 7 marzo 2005, n. 82, i dati anagrafici dei soggetti di cui all'articolo 85, comma 3, e li raffronta con quelli del Centro elaborazione dati di cui all'articolo 8 della legge 1° aprile 1981, n. 121. ([4])

(1) Rubrica così modificata dall' art. 5, comma 1, lett. c), D.Lgs. 13
ottobre 2014, n. 153, a decorrere dal 26 novembre 2014, ai sensi di
quanto disposto dall' art. 6, comma 1, del medesimo D.Lgs. n.
153/2014.
(2) Lettera così modificata dall' art. 5, comma 1, lett. c), D.Lgs. 13
ottobre 2014, n. 153, a decorrere dal 26 novembre 2014, ai sensi di quanto disposto dall' art. 6, comma 1, del medesimo D.Lgs. n. 153/2014.
(3) Comma aggiunto dall'art. 6, comma 3-bis, D.L. 9 febbraio 2012, n. 5, convertito, con modificazioni, dalla L. 4 aprile 2012, n. 35 e sostituito dall'art. 6, comma 1, D.Lgs. 15 novembre 2012, n. 218. Successivamente, il presente comma è stato così modificato dall' art. 5, comma 1, lett. c), D.Lgs. 13 ottobre 2014, n. 153, a decorrere dal 26 novembre 2014, ai sensi di quanto disposto dall' art. 6, comma 1, del medesimo D.Lgs. n. 153/2014.
(4) Comma aggiunto dall' art. 4, comma 1, lett. a), D.Lgs. 13 ottobre 2014, n. 153, a decorrere dal 26 novembre 2014, ai sensi di quanto disposto dall' art. 6, comma 1, del medesimo D.Lgs. n. 153/2014.
(5) Nel presente provvedimento le parole: «Direzione nazionale antimafia» sono state sostituite dalle seguenti: «Direzione nazionale antimafia e antiterrorismo», ai sensi di quanto disposto dall' art. 20, comma 4, D.L. 18 febbraio

2015, n. 7, convertito, con modificazioni, dalla L. 17 aprile 2015, n. 43.

Art. 99-bis. Mancato funzionamento della banca dati nazionale unica della documentazione antimafia ([1]) 1. Qualora la banca dati nazionale unica non sia in grado di funzionare regolarmente a causa di eventi eccezionali, la comunicazione antimafia è sostituita dall'autocertificazione di cui all'articolo 89 e l'informazione antimafia è rilasciata secondo le modalità previste dall'articolo 92, commi 2 e 3. Nel caso in cui la comunicazione antimafia è sostituita dall'autocertificazione, i contributi, i finanziamenti, le agevolazioni e le altre erogazioni di cui all'articolo 67 sono corrisposti sotto condizione risolutiva e previa presentazione di una garanzia fideiussoria di un importo pari al valore del contributo, finanziamento, agevolazione o erogazione.

2. Il Ministero dell'interno, Dipartimento per le politiche del personale dell'amministrazione civile e per le risorse strumentali e finanziarie, pubblica immediatamente l'avviso del mancato funzionamento della banca dati nazionale unica sul proprio sito istituzionale, nonché sui siti delle Prefetture.

3. Con le modalità di cui al comma 2 viene data notizia del ripristino del funzionamento della banca dati nazionale unica. Il periodo di mancato

funzionamento della banca dati nazionale unica è accertato con decreto del capo del predetto Dipartimento ovvero di altro dirigente appositamente delegato. Il decreto è pubblicato sul sito istituzionale del Ministero dell'interno nella sezione "Amministrazione trasparente".

(¹) *Articolo inserito dall' art. 4, comma 1, lett. b), D.Lgs. 13 ottobre 2014, n. 153, a decorrere dal 26 novembre 2014, ai sensi di quanto disposto dall' art. 6, comma 1, del medesimo D.Lgs. n. 153/2014.*

Capo VI - Disposizioni concernenti gli enti locali sciolti ai sensi dell'articolo 143 del decreto legislativo 18 agosto 2000, n. 267

Art. 100. Obbligo di acquisizione della documentazione antimafia nel quinquennio successivo allo scioglimento ai sensi dell'articolo 143 del decreto legislativo 18 agosto 2000, n. 267

1. L'ente locale, sciolto ai sensi dell'articolo 143 del decreto legislativo 18 agosto 2000, n. 267 e successive modificazioni, deve acquisire, nei cinque anni successivi allo scioglimento, l'informazione antimafia precedentemente alla stipulazione, all'approvazione o all'autorizzazione di qualsiasi contratto o subcontratto, ovvero precedentemente al rilascio di qualsiasi concessione o erogazione indicati nell'articolo 67 indipendentemente dal valore economico degli stessi.

Art. 101. Facoltà di avvalersi della stazione unica appaltante

1. Salvo che la legge disponga diversamente, l'ente locale, i cui organi sono stati sciolti ai sensi dell'articolo 143 del decreto legislativo 18 agosto 2000, n. 267, e successive modificazioni, può deliberare di avvalersi, per un periodo determinato, comunque non superiore alla durata in carica della commissione straordinaria per la gestione dell'ente, della stazione unica appaltante per lo svolgimento delle procedure di evidenza pubblica di competenza del medesimo ente locale. (¹)

2. Gli organi eletti in seguito allo scioglimento di cui all'articolo 143 del decreto legislativo 18 agosto 2000, n. 267 e successive modificazioni, possono deliberare di avvalersi, per un periodo determinato, comunque non superiore alla durata in carica degli stessi organi elettivi, della stazione unica appaltante per lo svolgimento delle procedure di evidenza pubblica di competenza del medesimo ente locale.

(1) Comma così sostituito dall' art. 8, comma 1, lett. b), D.Lgs. 15 novembre 2012, n. 218.

LIBRO III - ATTIVITÀ INFORMATIVE ED INVESTIGATIVE NELLA LOTTA CONTRO LA CRIMINALITÀ ORGANIZZATA. AGENZIA NAZIONALE PER L'AMMINISTRAZIONE E LA DESTINAZIONE DEI BENI SEQUESTRATI E CONFISCATI ALLA CRIMINALITÀ ORGANIZZATA.

Titolo I - Attività informative ed investigative nella lotta contro la criminalità organizzata

Capo I - Direzione distrettuale antimafia e Direzione nazionale antimafia e antiterrorismo ([1])

Art. 102. Direzione distrettuale antimafia

1.   Per la trattazione dei procedimenti relativi ai reati indicati nell'articolo 51, comma 3-bis, del codice di procedura penale il procuratore della Repubblica presso il tribunale del capoluogo del distretto costituisce, nell'ambito del suo ufficio, una direzione distrettuale antimafia designando i magistrati che devono farne parte per la durata non inferiore a due anni. Per la designazione, il procuratore distrettuale tiene conto delle specifiche attitudini e delle esperienze professionali. Della direzione distrettuale non possono fare parte magistrati in tirocinio. La composizione e le variazioni della direzione sono comunicate senza ritardo al Consiglio superiore della magistratura.

Il procuratore distrettuale o un suo delegato è preposto all'attività della direzione e cura, in particolare, che i magistrati addetti ottemperino all'obbligo di assicurare la completezza e la tempestività della reciproca informazione sull'andamento delle indagini ed eseguano le direttive impartite per il coordinamento delle investigazioni e l'impiego della polizia giudiziaria.

2.   Salvi casi eccezionali, il procuratore distrettuale designa per l'esercizio delle funzioni di pubblico ministero, nei procedimenti riguardanti i reati indicati nell'articolo 51, comma 3-bis, del codice di procedura penale, i magistrati addetti alla direzione.

3.   Salvo che nell'ipotesi di prima costituzione della direzione distrettuale antimafia la designazione dei magistrati avviene sentito il procuratore nazionale antimafia e antiterrorismo. Delle eventuali variazioni nella composizione della direzione, il procuratore distrettuale informa preventivamente il procuratore nazionale antimafia e antiterrorismo. ([2])

([1]) *Comma così modificato dall' art. 10, comma 2, D.L. 18 febbraio 2015, n. 7, convertito, con modificazioni, dalla L. 17 aprile 2015, n. 43.*

Art. 103. Direzione nazionale antimafia e antiterrorismo ([1])

1. Nell'ambito della procura generale presso la Corte di cassazione è istituita la Direzione nazionale antimafia e antiterrorismo.

2. Alla Direzione sono preposti un magistrato, con funzioni di Procuratore nazionale, e due magistrati con funzioni di procuratore aggiunto, nonché, quali sostituti, magistrati che abbiano conseguito la terza valutazione di professionalità.

3. I magistrati della Direzione nazionale antimafia e antiterrorismo sono scelti tra coloro che hanno svolto, anche non continuativamente, funzioni di pubblico ministero per almeno dieci anni e che abbiano specifiche attitudini, capacità organizzative ed esperienze nella trattazione di procedimenti in materia di criminalità organizzata e terroristica. L'anzianità nel ruolo può essere valutata solo ove risultino equivalenti i requisiti professionali.

4. Alla nomina del procuratore nazionale si provvede con la procedura prevista dall'articolo 11, terzo comma, della legge 24 marzo 1958, n. 195.

5. Gli incarichi di procuratore nazionale e di procuratore aggiunto hanno una durata di quattro anni e possono essere rinnovati una sola volta.

6. Al procuratore nazionale sono attribuite le funzioni previste dall'articolo 371-bis del codice di procedura penale.

(1) Articolo così sostituito dall' art. 10, comma 1, D.L. 18 febbraio 2015, n. 7, convertito, con modificazioni, dalla L. 17 aprile 2015, n. 43.

Art. 104. Attribuzioni del procuratore generale presso la Corte di cassazione in relazione all'attività di coordinamento investigativo

1. Il procuratore generale presso la Corte di cassazione esercita la sorveglianza sul procuratore nazionale antimafia e antiterrorismo e sulla relativa Direzione nazionale. ([1])

(1)   Nel presente provvedimento le parole: «Direzione nazionale antimafia» sono state sostituite dalle seguenti: «Direzione nazionale antimafia e antiterrorismo», ai sensi di quanto disposto dall' art. 20, comma 4, D.L. 18 febbraio 2015, n. 7, convertito, con modificazioni, dalla L. 17 aprile 2015, n. 43.

(2)   Nel presente provvedimento le parole «procuratore nazionale antimafia» sono state sostituite dalle seguenti: «procuratore nazionale antimafia e antiterrorismo», ai sensi di quanto disposto dall' art. 20, comma 4, D.L. 18 febbraio 2015, n. 7, convertito, con modificazioni, dalla L. 17 aprile 2015, n. 43

Art. 105. Applicazione di magistrati del pubblico ministero in casi particolari.

1. Per la trattazione dei procedimenti relativi ai delitti indicati nell'articolo 51, comma 3-bis e comma 3quater, del codice di procedura penale, il procuratore nazionale antimafia e antiterrorismo può, quando si tratta di procedimenti di particolare complessità o che richiedono specifiche esperienze e competenze professionali, applicare temporaneamente alle procure distrettuali i magistrati appartenenti alla Direzione nazionale antimafia e antiterrorismo e quelli appartenenti alle direzioni distrettuali antimafia oltre che quelli addetti presso le procure distrettuali alla trattazione di procedimenti in materia di terrorismo anche internazionale nonché, con il loro consenso, magistrati di altre procure della Repubblica presso i tribunali. L'applicazione è disposta anche quando sussistono protratte vacanze di organico, inerzia nella conduzione delle indagini, ovvero specifiche e contingenti esigenze investigative o processuali. L'applicazione è disposta con decreto motivato. Il decreto è emesso sentiti i procuratori generali e i procuratori della Repubblica interessati. Quando si tratta di applicazioni alla procura distrettuale avente sede nel capoluogo del medesimo distretto, il decreto è emesso dal procuratore generale presso la corte di appello. In tal caso il provvedimento è comunicato al procuratore nazionale antimafia e antiterrorismo. (^{1}) 2. L'applicazione non può superare la durata di un anno. Nei casi di necessità dell'ufficio al quale il magistrato è applicato, può essere rinnovata per un periodo non superiore a un anno.

3. Il decreto di applicazione è immediatamente esecutivo ed è trasmesso senza ritardo al Consiglio superiore della magistratura per l'approvazione, nonché al Ministro della giustizia.

4. Il capo dell'ufficio al quale il magistrato è applicato non può designare il medesimo per la trattazione di affari diversi da quelli indicati nel decreto di applicazione.

(1) Comma così modificato dall' art. 10, comma 3, lett. a), D.L. 18 febbraio 2015, n. 7, convertito, con modificazioni, dalla L. 17 aprile 2015, n. 43.

Art. 106. Applicazione di magistrati in materia di misure di prevenzione

1. Il procuratore nazionale antimafia e antiterrorismo può disporre, nell'ambito dei poteri attribuitigli dall'articolo 371-bis del codice di procedura penale e sentito il competente procuratore distrettuale, l'applicazione temporanea di magistrati della Direzione nazionale antimafia e antiterrorismo alle procure distrettuali per la trattazione di singoli procedimenti di prevenzione patrimoniale. Si applica, in quanto compatibile, l'articolo 105. (^{1}) 2.

Se ne fa richiesta il procuratore distrettuale, il Procuratore generale presso la Corte d'appello può, per giustificati motivi, disporre che le funzioni di pubblico ministero per la trattazione delle misure di prevenzione siano esercitate da un magistrato designato dal Procuratore della Repubblica presso il giudice competente.

(1) Comma così modificato dall' art. 10, comma 4, D.L. 18 febbraio 2015, n. 7, convertito, con modificazioni, dalla L. 17 aprile 2015, n. 43.

Capo II - Consiglio generale per la lotta alla criminalità organizzata e Direzione investigativa antimafia

Art. 107. Consiglio generale per la lotta alla criminalità organizzata

1. Presso il Ministero dell'interno è istituito il Consiglio generale per la lotta alla criminalità organizzata, presieduto dal Ministro dell'interno quale responsabile dell'alta direzione e del coordinamento in materia di ordine e sicurezza pubblica. Il Consiglio è composto:

a) dal Capo della polizia - Direttore generale della pubblica sicurezza;

b) dal Comandante generale dell'Arma dei carabinieri;

c) dal Comandante generale del Corpo della guardia di finanza;

d) dal Direttore dell'Agenzia informazioni e sicurezza interna;

e) dal Direttore dell'Agenzia informazioni e sicurezza esterna;

f) dal Direttore della Direzione investigativa antimafia.

2. Il Consiglio generale per la lotta alla criminalità organizzata provvede, per lo specifico settore della criminalità organizzata, a:

a)   definire e adeguare gli indirizzi per le linee di prevenzione anticrimine e per le attività investigative, determinando la ripartizione dei compiti tra le forze di polizia per aree, settori di attività e tipologia dei fenomeni criminali, tenuto conto dei servizi affidati ai relativi uffici e strutture, e in primo luogo a quelli a carattere interforze, operanti a livello centrale e territoriale;

b)   individuare le risorse, i mezzi e le attrezzature occorrenti al funzionamento dei servizi e a fissarne i criteri per razionalizzarne l'impiego;

c)   verificare periodicamente i risultati conseguiti in relazione agli obiettivi strategici delineati e alle direttive impartite, proponendo, ove occorra, l'adozione dei provvedimenti atti a rimuovere carenze e disfunzioni e ad accertare responsabilità e inadempienze;

d)   concorrere a determinare le direttive per lo svolgimento delle attività di coordinamento e di controllo da parte dei prefetti dei capoluoghi di regione, nell'ambito dei poteri delegati agli stessi.

3. Il Consiglio generale emana apposite direttive da attuarsi a cura degli uffici e servizi appartenenti alle singole forze di polizia, nonché della Direzione investigativa antimafia.

4. All'Ufficio per il coordinamento e la pianificazione delle forze di polizia del Dipartimento della pubblica sicurezza sono attribuite le funzioni di assistenza tecnico-amministrativa e di segreteria del Consiglio.

Art. 108. Direzione investigativa antimafia

1. È istituita, nell'ambito del Dipartimento della pubblica sicurezza, una Direzione investigativa antimafia (D.I.A.) con il compito di assicurare lo svolgimento, in forma coordinata, delle attività di investigazione preventiva attinenti alla criminalità organizzata, nonché di effettuare indagini di polizia giudiziaria relative esclusivamente a delitti di associazione di tipo mafioso o comunque ricollegabili all'associazione medesima.

2. Formano oggetto delle attività di investigazione preventiva della Direzione investigativa antimafia le connotazioni strutturali, le articolazioni e i collegamenti interni ed internazionali delle organizzazioni criminali, gli obiettivi e le modalità operative di dette organizzazioni, nonché ogni altra forma di manifestazione delittuosa alle stesse riconducibile ivi compreso il fenomeno delle estorsioni.

3. La Direzione investigativa antimafia nell'assolvimento dei suoi compiti opera in stretto collegamento con gli uffici e le strutture delle forze di polizia esistenti a livello centrale e periferico.

4. Tutti gli ufficiali ed agenti di polizia giudiziaria debbono fornire ogni possibile cooperazione al personale investigativo della D.I.A. Gli ufficiali ed agenti di polizia giudiziaria dei servizi centrali e interprovinciali di cui all'articolo 12 del decreto-legge 13 maggio 1991, n. 152, convertito in legge 12 luglio 1991, n. 203, devono costantemente informare il personale investigativo della D.I.A., incaricato di effettuare indagini collegate, di tutti gli elementi informativi ed investigativi di cui siano venuti comunque in possesso e sono tenuti a svolgere, congiuntamente con il predetto personale, gli accertamenti e le attività investigative eventualmente richiesti. Il predetto personale dei servizi centrali e interprovinciali della Polizia di Stato, dell'Arma dei carabinieri e del Corpo della guardia di finanza, a decorrere dal 1° gennaio 1993, è assegnato alla D.I.A., nei contingenti e con i criteri e le modalità determinati con decreto del Ministro dell'interno, di concerto con i Ministri della difesa e delle finanze.

5. Al Direttore della Direzione Investigativa Antimafia è attribuita la responsabilità generale delle attività svolte dalla D.I.A., delle quali riferisce periodicamente al Consiglio generale di cui all'articolo 107, e competono i provvedimenti occorrenti per l'attuazione, da parte della D.I.A., delle direttive emanate a norma del medesimo articolo 107.

6. Alla D.I.A. è preposto un direttore tecnicooperativo scelto fra funzionari appartenenti ai ruoli della Polizia di Stato, con qualifica non inferiore a dirigente superiore, e ufficiali di grado non inferiore a generale di brigata dell'Arma dei carabinieri e del Corpo della guardia di finanza, che abbiano maturato specifica esperienza nel settore della lotta alla criminalità organizzata. Il direttore della D.I.A. riferisce al Consiglio generale di cui all'articolo 107 sul funzionamento dei servizi posti alle sue dipendenze e sui risultati conseguiti.

7. Con gli stessi criteri indicati al comma 6 è assegnato alla D.I.A. un vice direttore con funzioni vicarie.

8. La D.I.A. si avvale di personale dei ruoli della Polizia di Stato, dell'Arma dei carabinieri e del Corpo della guardia di finanza, nonché del Corpo di polizia penitenziaria e del Corpo forestale dello Stato. Il personale dei ruoli del Corpo di polizia penitenziaria e del Corpo forestale dello Stato opera nell'ambito delle articolazioni centrali e periferiche della D.I.A. per le esigenze di collegamento con le strutture di appartenenza, anche in relazione a quanto previsto dal comma 3, nonché per l'attività di analisi sullo scambio delle informazioni di interesse all'interno delle strutture carcerarie e di quelle connesse al contrasto delle attività organizzate per il traffico illecito di rifiuti e agli altri compiti di istituto. Con decreto del Ministro dell'interno, di concerto con i Ministri della giustizia, delle politiche agricole alimentari e forestali e dell'economia e delle finanze sono definiti i contingenti di personale del Corpo di polizia penitenziaria e del Corpo forestale dello Stato che opera nell'ambito della D.I.A., nonché le modalità attuative di individuazione, di assegnazione e di impiego del medesimo personale. ([1])

9. Il Ministro dell'interno, sentito il Consiglio generale di cui all'articolo 107, determina l'organizzazione della D.I.A. secondo moduli rispondenti alla diversificazione dei settori d'investigazione e alla specificità degli ordinamenti delle forze di polizia interessate, fermo restando che in ogni caso, nella prima fase, l'organizzazione è articolata come segue:

a) reparto investigazioni preventive;
b) reparto investigazioni giudiziarie;
c) reparto relazioni internazionali ai fini investigativi.

10. Alla determinazione del numero e delle competenze delle divisioni in cui si articolano i reparti di cui al comma 9 si provvede con le modalità e procedure indicate nell'articolo 5, settimo comma, della legge 1° aprile 1981, n. 121, e successive modificazioni e integrazioni. Con le stesse modalità e procedure si provvede alla preposizione ed assegnazione del personale ai reparti e alle divisioni, secondo principi di competenza tecnico-professionale e con l'obiettivo di realizzare nei confronti dei titolari degli uffici predetti di pari livello una sostanziale parità ed equiordinazione di funzioni, anche mediante il ricorso al criterio della rotazione degli incarichi.

(1) Comma sostituito dall' art. 8, comma 1, lett. c), D.Lgs. 15 novembre 2012, n. 218 e, successivamente, così modificato dall' art. 11, comma 14-bis, D.L. 31 agosto 2013, n. 101, convertito, con modificazioni, dalla L. 30 ottobre 2013, n. 125.

Art. 109. Relazione al Parlamento

1. Il Ministro dell'interno riferisce, ogni sei mesi, al Parlamento sull'attività svolta e sui risultati conseguiti dalla Direzione investigativa antimafia e presenta, unitamente con la relazione di cui all'articolo 113 della legge 1° aprile 1981, n. 121, un rapporto annuale sul fenomeno della criminalità organizzata.

Titolo II - L'Agenzia nazionale per l'amministrazione e la destinazione dei beni sequestrati e confiscati alla criminalità organizzata

Art. 110. L'Agenzia nazionale per l'amministrazione e la destinazione dei beni sequestrati e confiscati alla criminalità organizzata (¹)

1. L'Agenzia nazionale per l'amministrazione e la destinazione dei beni sequestrati e confiscati alla criminalità organizzata è posta sotto la vigilanza del Ministro dell'interno, ha personalità giuridica di diritto pubblico ed è dotata di autonomia organizzativa e contabile, ha la sede principale in Roma e fino a 4 sedi secondarie istituite con le modalità di cui all'articolo 112, nei limiti delle risorse ordinarie iscritte nel proprio bilancio. L'Agenzia dispone, compatibilmente con le sue esigenze di funzionalità, che le proprie sedi siano stabilite all'interno di un immobile confiscato ai sensi del presente decreto. (²)

2. All'Agenzia sono attribuiti i seguenti compiti:

a) acquisizione, attraverso il proprio sistema informativo, dei flussi informativi necessari per l'esercizio dei propri compiti istituzionali: dati, documenti e informazioni oggetto di flusso di scambio, in modalità bidirezionale, con il sistema informativo del Ministero della giustizia, dell'autorità giudiziaria, con le banche dati e i sistemi informativi delle prefetture-uffici territoriali del Governo, degli enti territoriali, delle società Equitalia ed Equitalia Giustizia, delle agenzie fiscali e con gli amministratori giudiziari, con le modalità previste dagli articoli 1, 2 e 3 del regolamento di cui al decreto del Presidente della Repubblica 15 dicembre 2011, n. 233; acquisizione, in particolare, dei dati relativi ai beni sequestrati e confiscati alla criminalità organizzata nel corso dei procedimenti penali e di prevenzione; acquisizione delle informazioni relative allo stato dei procedimenti di sequestro e confisca; verifica dello stato dei beni nei medesimi procedimenti, accertamento della consistenza, della destinazione e dell'utilizzo dei beni; programmazione dell'assegnazione e della destinazione dei beni confiscati; analisi dei dati acquisiti, nonché delle criticità relative alla fase di assegnazione e destinazione. Per l'attuazione della presente lettera è autorizzata la spesa di 850.000 euro per ciascuno degli anni 2018, 2019 e 2020. Al relativo onere si provvede mediante corrispondente riduzione delle proiezioni, per i medesimi anni, dello stanziamento del fondo speciale di conto capitale iscritto, ai fini del bilancio triennale 2017-2019, nell'ambito del programma "Fondi di riserva e speciali" della missione "Fondi da ripartire" dello stato di previsione del Ministero dell'economia e delle finanze per l'anno 2017, allo scopo parzialmente utilizzando l'accantonamento relativo al Ministero dell'interno. Il Ministro dell'economia e delle finanze è autorizzato ad apportare, con propri decreti, le occorrenti variazioni di bilancio;

b) ausilio dell'autorità giudiziaria nell'amministrazione e custodia dei beni sequestrati nel corso del procedimento di prevenzione di cui al libro I, titolo III; ausilio finalizzato a rendere possibile, sin dalla fase del sequestro, l'assegnazione provvisoria dei beni immobili e delle aziende per fini istituzionali o sociali agli enti, alle associazioni e alle cooperative di cui all'articolo 48, comma 3, ferma restando la valutazione del giudice delegato sulla modalità dell'assegnazione;

c) ausilio dell'autorità giudiziaria nell'amministrazione e custodia dei beni sequestrati nel corso dei procedimenti penali per i delitti di cui agli articoli 51, comma 3-bis, del codice di procedura penale e 12sexies del decreto-legge 8 giugno 1992, n. 306, convertito, con modificazioni, dalla legge 7 agosto 1992, n. 356, e successive modificazioni; ausilio svolto al fine di rendere possibile, sin dalla fase del sequestro, l'assegnazione provvisoria dei beni immobili e delle aziende per fini istituzionali o sociali agli enti, alle associazioni e alle cooperative di cui all'articolo 48, comma 3, del presente decreto, ferma restando la valutazione del giudice delegato sulla modalità dell'assegnazione;

d) amministrazione e destinazione, ai sensi dell'articolo 38, dei beni confiscati, dal provvedimento di confisca emesso dalla corte di appello, in esito del procedimento di prevenzione di cui al libro I, titolo III;

e) amministrazione, dal provvedimento di confisca emesso dalla corte di appello nonché di sequestro o confisca emesso dal giudice dell'esecuzione, e destinazione dei beni confiscati, per i delitti di cui agli articoli 51, comma 3-bis, del codice di procedura penale e 12-sexies del decreto-legge 8 giugno 1992, n. 306, convertito, con modificazioni, dalla legge 7 agosto 1992, n. 356, e successive modificazioni, nonché dei beni definitivamente confiscati dal giudice dell'esecuzione;

f) adozione di iniziative e di provvedimenti necessari per la tempestiva assegnazione e destinazione dei beni confiscati, anche attraverso la nomina, ove necessario, di commissari ad acta.

3. L'Agenzia è sottoposta al controllo della Corte dei conti ai sensi dell'articolo 3, comma 4, della legge 14 gennaio 1994, n. 20, e successive modificazioni.

(1) *Articolo modificato dall' art. 1, comma 189, lett. e), nn. 1) e 2), L. 24 dicembre 2012, n. 228, a decorrere dal 1° gennaio 2013, e,*

successivamente, così sostituito dall' art. 29, comma 1, L. 17 ottobre 2017, n. 161.
(2) *Comma così modificato dall' art. 37, comma 1, D.L. 4 ottobre 2018, n. 113, convertito, con modificazioni, dalla L. 1° dicembre 2018, n. 132.*

Art. 111. Organi dell'Agenzia (¹)

1. Sono organi dell'Agenzia e restano in carica per quattro anni rinnovabili per una sola volta: a) il Direttore;

b) il Consiglio direttivo;

c) il Collegio dei revisori;

d) il Comitato consultivo di indirizzo.

2. Il Direttore è scelto tra figure professionali che abbiano maturato esperienza professionale specifica, almeno quinquennale, nella gestione dei beni e delle aziende: prefetti, dirigenti dell'Agenzia del demanio, magistrati che abbiano conseguito almeno la quinta valutazione di professionalità o delle magistrature superiori. Il soggetto scelto è collocato fuori ruolo o in aspettativa secondo l'ordinamento dell'amministrazione di appartenenza. All'atto del collocamento fuori ruolo è reso indisponibile un numero di posti equivalente dal punto di vista finanziario. Il Direttore è nominato con decreto del Presidente della Repubblica, su proposta del Ministro dell'interno, previa deliberazione del Consiglio dei ministri.

3. Il Consiglio direttivo è presieduto dal Direttore dell'Agenzia ed è composto:

a) da un magistrato designato dal Ministro della

giustizia;

b) da un magistrato designato dal Procuratore nazionale antimafia;

c) da un rappresentante del Ministero dell'interno designato dal Ministro dell'interno;

d) da due qualificati esperti in materia di gestioni aziendali e patrimoniali designati, di concerto, dal Ministro dell'interno e dal Ministro dell'economia e delle finanze;

e) da un qualificato esperto in materia di progetti di finanziamenti europei e nazionali designato dalla Presidenza del Consiglio dei ministri o dal Ministro delegato per la politica di coesione.

4. I componenti del Consiglio direttivo, designati ai sensi del comma 3, sono nominati con decreto del Ministro dell'interno.

5. Il Collegio dei revisori, costituito da tre componenti effettivi e da due supplenti, è nominato con decreto del Ministro dell'interno fra gli iscritti nel Registro dei revisori legali. Un componente effettivo e un componente supplente sono designati dal Ministro dell'economia e delle finanze.

6. Il Comitato consultivo di indirizzo è presieduto da un qualificato esperto in materia di politica di coesione territoriale, designato dal Dipartimento per le politiche di coesione dal Direttore dell'Agenzia ed è composto:

a) da un qualificato esperto in materia di politica di coesione territoriale, designato dal Dipartimento per le politiche di coesione;

b) da un rappresentante del Ministero dello sviluppo economico, designato dal medesimo Ministro;

c) da un rappresentante del Ministero del lavoro e delle politiche sociali, designato dal medesimo Ministro;

d) da un responsabile dei fondi del Programma operativo nazionale "sicurezza", designato dal Ministro dell'interno;

e) da un rappresentante del Ministero dell'istruzione, dell'università e della ricerca, designato dal medesimo Ministro;

f) da un rappresentante delle regioni, designato dalla Conferenza delle regioni e delle province autonome;

g) da un rappresentante dei comuni, designato dall'Associazione nazionale dei comuni italiani (ANCI);

h) da un rappresentante delle associazioni che possono essere destinatarie o assegnatarie dei beni sequestrati o confiscati, di cui all'articolo 48, comma 3, lettera c), designato dal Ministro del lavoro e delle politiche sociali sulla base di criteri di trasparenza, rappresentatività e rotazione semestrale, specificati nel decreto di nomina;

i) da un rappresentante delle associazioni sindacali comparativamente più rappresentative a livello nazionale, da un rappresentante delle cooperative e da un rappresentante delle associazioni dei datori di lavoro, designati dalle rispettive associazioni.

7. Alle riunioni possono essere chiamati a partecipare i rappresentanti degli enti territoriali ove i beni o le aziende sequestrati e confiscati si trovano. I componenti del Comitato consultivo di indirizzo, designati ai sensi del comma 6, sono nominati con decreto del Ministro dell'interno. Ai componenti non spetta alcun compenso, indennità, gettone di presenza, rimborso di spese o emolumento comunque denominato.

8. I compensi degli organi sono stabiliti con decreto del Ministro dell'interno, di concerto con il Ministro dell'economia e delle finanze, e sono posti a carico del bilancio dell'Agenzia. Per la partecipazione alle sedute degli organi non spettano gettoni di presenza o emolumenti a qualsiasi titolo dovuti.

(1) Articolo modificato dall' art. 1, comma 189, lett. f), nn. 1) e 2), L. 24 dicembre 2012, n. 228, a decorrere dal 1° gennaio 2013, e dall' art. 20, comma 4, D.L. 18 febbraio 2015, n. 7, convertito, con modificazioni, dalla L. 17 aprile 2015, n. 43. Successivamente, il presente articolo è stato così

sostituito dall' art. 29, comma 2, L. 17 ottobre 2017, n. 161.

Art. 112. Attribuzioni degli organi dell'Agenzia (¹) Attribuzioni degli organi dell'Agenzia (¹)

1. Il Direttore dell'Agenzia ne assume la rappresentanza legale, può nominare uno o più delegati anche con poteri di rappresentanza, convoca con frequenza periodica il Consiglio direttivo e il Comitato consultivo di indirizzo e stabilisce l'ordine del giorno delle sedute. Provvede altresì all'attuazione degli indirizzi e delle linee guida di cui al comma 4, lettera d), e presenta al Consiglio direttivo il bilancio preventivo e il conto consuntivo. Il Direttore riferisce periodicamente ai Ministri dell'interno e della giustizia e presenta una relazione semestrale sull'attività svolta dall'Agenzia, fermo restando quanto previsto dall'articolo 49, comma 1, ultimo periodo.

2. L'Agenzia coadiuva l'autorità giudiziaria nella gestione fino al provvedimento di confisca emesso dalla corte di appello e adotta i provvedimenti di destinazione dei beni confiscati per le prioritarie finalità istituzionali e sociali, secondo le modalità indicate dal libro I, titolo III, capo III. Nelle ipotesi previste dalle norme in materia di tutela ambientale e di sicurezza, ovvero quando il bene

sia improduttivo, oggettivamente inutilizzabile, non destinabile o non alienabile, l'Agenzia, con delibera del Consiglio direttivo, adotta i provvedimenti di distruzione o di demolizione.

3. L'Agenzia, per le attività connesse all'amministrazione e alla destinazione dei beni sequestrati e confiscati anche in via non definitiva, nonché per il monitoraggio sul corretto utilizzo dei beni assegnati, si avvale delle prefetture-uffici territoriali del Governo territorialmente competenti presso le quali è istituito, senza nuovi o maggiori oneri per la finanza pubblica, un apposito nucleo di supporto. Con decreto del Ministro dell'interno sono definiti la composizione di ciascun nucleo di supporto ed il relativo contingente di personale, secondo criteri di flessibilità e modularità che tengano conto anche della presenza significativa, nel territorio di riferimento, di beni sequestrati e confiscati alla criminalità organizzata. I prefetti, con il provvedimento di costituzione del nucleo di supporto, individuano, sulla base di linee guida adottate dal Consiglio direttivo dell'Agenzia, le altre amministrazioni, gli enti e le associazioni che partecipano alle attività del nucleo con propri rappresentanti.

4. L'Agenzia, con delibera del Consiglio direttivo:

a) utilizza i flussi acquisiti attraverso il proprio sistema informativo per facilitare le collaborazioni tra amministratori giudiziari e tra coadiutori e favorire, su tutto il territorio nazionale in modo particolare per le aziende, l'instaurazione e la prosecuzione di rapporti commerciali tra le imprese sequestrate o confiscate;

b) predispone meccanismi di intervento per effettuare, ove l'amministratore giudiziario lo richieda, l'analisi aziendale e verificare la possibilità di prosecuzione o ripresa dell'attività imprenditoriale ovvero avviare procedure di liquidazione o di ristrutturazione del debito;

c) stipula protocolli di intesa con le strutture interessate e con le associazioni di categoria per l'individuazione di professionalità necessarie per la prosecuzione o la ripresa dell'attività d'impresa anche avvalendosi dei nuclei territoriali di supporto istituiti presso le prefetture-uffici territoriali del Governo; c-bis) provvede all'istituzione, in relazione a particolari esigenze, fino a un massimo di quattro sedi secondarie, in regioni ove sono presenti in quantità significativa beni sequestrati e confiscati alla criminalità organizzata, nei limiti delle risorse di cui all'articolo 110, comma 1; ([2])

d) previo parere motivato del Comitato consultivo di indirizzo, emana le linee guida interne che intende seguire sia per fornire ausilio all'autorità giudiziaria, sia per stabilire la destinazione dei beni confiscati; indica, in relazione ai beni aziendali, gli interventi necessari per salvaguardare il mantenimento del valore patrimoniale e i livelli occupazionali e, in relazione ai beni immobili, gli interventi utili per incrementarne la redditività e per agevolare la loro eventuale devoluzione allo Stato liberi da pesi e oneri, anche prevedendo un'assegnazione provvisoria ai sensi dell'articolo 110, comma 2, lettera b);

e) previo parere motivato del Comitato consultivo di indirizzo, predispone protocolli operativi su base nazionale per concordare con l'Associazione bancaria italiana (ABI) e con la Banca d'Italia modalità di rinegoziazione dei rapporti bancari già in essere con le aziende sequestrate o confiscate;

f) richiede all'autorità di vigilanza di cui all'articolo 110, comma 1, l'autorizzazione a utilizzare gli immobili di cui all'articolo 48, comma 3, lettera b);

g) richiede la modifica della destinazione d'uso del bene confiscato, in funzione della valorizzazione dello stesso o del suo utilizzo per finalità istituzionali o sociali, anche in deroga agli strumenti urbanistici;

h) approva il bilancio preventivo e il conto consuntivo; ([3])

i) verifica l'utilizzo dei beni da parte dei privati e degli enti pubblici, conformemente ai provvedimenti di assegnazione e di destinazione; verifica in modo continuo e sistematico, avvalendosi delle prefettureuffici territoriali del Governo e, ove necessario, delle Forze di polizia, la conformità dell'utilizzo dei beni, da parte dei privati e degli enti pubblici, ai provvedimenti di assegnazione e di destinazione. Il prefetto riferisce semestralmente all'Agenzia sugli esiti degli accertamenti effettuati;

l) revoca il provvedimento di assegnazione e destinazione nel caso di mancato o difforme utilizzo del bene rispetto alle finalità indicate nonché negli altri casi stabiliti dalla legge;

m) previo parere motivato del Comitato consultivo di indirizzo, sottoscrive convenzioni e protocolli con pubbliche amministrazioni, regioni, enti locali, ordini professionali, enti e associazioni per le finalità del presente decreto;

n) adotta un regolamento di organizzazione interna.

5. Il Comitato consultivo di indirizzo:

a) esprime parere sugli atti di cui al comma 4, lettere

d), e) ed m); ([4])

b) può presentare proposte e fornire elementi per fare interagire gli amministratori giudiziari delle aziende, ovvero per accertare, su richiesta dell'amministratore giudiziario, previa autorizzazione del giudice delegato, la disponibilità degli enti territoriali, delle associazioni e delle cooperative di cui all'articolo 48, comma 3, lettera c), a prendere in carico i beni immobili, che non facciano parte di compendio aziendale, sin dalla fase del sequestro;

c) esprime pareri su specifiche questioni riguardanti la destinazione e l'utilizzazione dei beni sequestrati o confiscati nonché su ogni altra questione che venga sottoposta ad esso dal Consiglio direttivo, dal Direttore dell'Agenzia o dall'autorità giudiziaria.

6. Il Collegio dei revisori svolge i compiti di cui all'articolo 20 del decreto legislativo 30 giugno 2011, n. 123.

(1) Articolo così sostituito dall' art. 29, comma 3, L. 17 ottobre 2017,
n. 161.
(2) Lettera inserita dall' art. 37, comma 2, lett. a), n. 1), D.L. 4 ottobre 2018, n. 113, convertito, con modificazioni, dalla L. 1° dicembre 2018, n. 132.
(3) Lettera così sostituita dall' art. 37, comma 2, lett. a), n. 2), D.L. 4 ottobre 2018, n. 113, convertito, con modificazioni, dalla L. 1° dicembre 2018, n. 132.
(4) Lettera così modificata dall' art. 37, comma 2, lett. b), D.L. 4
ottobre 2018, n. 113, convertito, con modificazioni, dalla L. 1° dicembre 2018, n. 132.

Art. 113. Organizzazione e funzionamento dell'Agenzia ([1])

1. Con uno o più regolamenti, adottati ai sensi dell'articolo 17, comma 1, della legge 23 agosto 1988,

n. 400, e successive modificazioni, su proposta del Ministro dell'interno, di concerto con i Ministri della giustizia, dell'economia e delle finanze e per la semplificazione e la pubblica amministrazione, sono disciplinati, entro il limite di spesa di cui all'articolo 118:

a) l'organizzazione e la dotazione delle risorse umane e strumentali per il funzionamento dell'Agenzia, selezionando personale con specifica competenza in materia di gestione delle aziende, di accesso al credito bancario e ai finanziamenti europei;

b) la contabilità finanziaria ed economico-patrimoniale relativa alla gestione dell'Agenzia, assicurandone la separazione finanziaria e contabile dalle attività di amministrazione e custodia dei beni sequestrati e confiscati;

c) i flussi informativi necessari per l'esercizio dei compiti attribuiti all'Agenzia nonché le modalità delle comunicazioni, da effettuarsi per via telematica, tra l'Agenzia e l'autorità giudiziaria.

2. Ai fini dell'amministrazione e della custodia dei beni confiscati di cui all'articolo 110, comma 2, lettere d) ed e), i rapporti tra l'Agenzia e l'Agenzia del demanio sono disciplinati mediante

apposita convenzione, anche onerosa, avente ad oggetto, in particolare, la stima e la manutenzione dei beni custoditi nonché l'avvalimento del personale dell'Agenzia del demanio.

3. Sulla base di apposite convenzioni, anche onerose, l'Agenzia, per l'assolvimento dei suoi compiti e delle attività istituzionali, può richiedere, nei limiti degli stanziamenti del proprio bilancio, la collaborazione di amministrazioni centrali dello Stato, ivi comprese società e associazioni in house ad esse riconducibili di cui può avvalersi con le medesime modalità delle amministrazioni stesse, di Agenzie fiscali o di enti pubblici. (²)

4. Per le esigenze connesse alla vendita e alla liquidazione delle aziende e degli altri beni definitivamente confiscati, l'Agenzia può conferire, nei limiti delle disponibilità finanziarie di bilancio, apposito incarico, anche a titolo oneroso, a società a totale o prevalente capitale pubblico. I rapporti tra l'Agenzia e la società incaricata sono disciplinati da un'apposita convenzione che definisce le modalità di svolgimento dell'attività affidata e ogni aspetto relativo alla rendicontazione e al controllo.

5. L'Agenzia è inserita nella Tabella A allegata alla legge 29 ottobre 1984, n. 720, e successive modificazioni.

(1)   Articolo modificato dall' art. 1, comma 189, lett. g), nn. 1), 2) e 3), L. 24 dicembre 2012, n.

228, a decorrere dal 1° gennaio 2013, e, successivamente, così sostituito dall' art. 29, comma 4, L. 17 ottobre 2017,   n.   161.
(2)   Comma così sostituito dall' art. 37-bis, comma 1, D.L. 4 ottobre 2018, n. 113, convertito, con modificazioni, dalla L. 1° dicembre 2018, n. 132.

Art. 113-bis
Disposizioni in materia di organico dell'Agenzia (¹) 1. La dotazione organica dell'Agenzia è determinata in duecento unità complessive, ripartite tra le diverse qualifiche, dirigenziali e no, secondo contingenti da definire con il regolamento adottato ai sensi dell'articolo 113, comma 1.

2. Alla copertura dell'incremento della dotazione organica di centosettanta unità, di cui al comma 1, si provvede, nel limite di cento unità mediante le procedure di mobilità di cui all'articolo 30 del decreto legislativo 30 marzo 2001, n. 165, e successive modificazioni. (²)

2-bis. Per la copertura delle ulteriori settanta unità di incremento della dotazione organica, il reclutamento avviene mediante procedure selettive pubbliche, in conformità alla legislazione vigente in materia di accesso agli impieghi nelle pubbliche amministrazioni. Per l'espletamento delle suddette procedure concorsuali, il Dipartimento per le politiche del personale dell'amministrazione civile e per le risorse strumentali e finanziarie del Ministero dell'interno collabora con l'Agenzia. Gli oneri per lo svolgimento delle procedure concorsuali sono a carico dell'Agenzia. (^{3})

3. Fino al completamento delle procedure di cui al comma 2, il personale in servizio presso l'Agenzia continua a prestare servizio in posizione di comando, distacco o fuori ruolo senza necessità di ulteriori provvedimenti da parte delle amministrazioni di appartenenza. In presenza di professionalità specifiche ed adeguate, il personale proveniente dalle amministrazioni pubbliche di cui all'articolo 1, comma 2, del decreto legislativo 30 marzo 2001, n. 165, e successive modificazioni, nonché dagli enti pubblici economici, in servizio, alla data di entrata in vigore della presente disposizione, presso l'Agenzia in posizione di comando, distacco o fuori ruolo è inquadrato nei ruoli dell'Agenzia, previa istanza da presentare nei sessanta giorni successivi secondo le modalità stabilite con il regolamento di cui al comma 1. Negli inquadramenti si tiene conto prioritariamente delle istanze presentate dal personale, in servizio alla data di entrata in vigore della presente disposizione, che ha presentato analoga domanda ai sensi dell'articolo 13, comma 2, del regolamento di cui al decreto del Presidente della Repubblica 15 dicembre 2011, n. 235, e dell'articolo 1, comma 191, della legge 24 dicembre 2012, n. 228. Le disposizioni del presente comma si applicano anche al personale proveniente dalle amministrazioni pubbliche di cui all'articolo 1, comma 2, del decreto legislativo 30 marzo 2001, n. 165, nonché dagli enti pubblici economici, in servizio, alla data del 31 dicembre 2019, presso l'Agenzia in posizione di comando, distacco o fuori ruolo. (^{5}).

4. I nominativi del personale di cui ai commi precedenti sono inseriti nel sito dell'Agenzia in base ai criteri di cui al decreto legislativo 14 marzo 2013, n. 33.

4-bis. Nell'ambito della contrattazione collettiva 2019/2021 viene individuata l'indennità di amministrazione spettante agli appartenenti ai ruoli dell'Agenzia, in misura pari a quella corrisposta al personale della corrispondente area del Ministero della giustizia. (^{4})

4-ter. Oltre al personale di cui al comma 1, l'Agenzia è autorizzata ad avvalersi di una aliquota non superiore a 100 unità di personale non dirigenziale appartenente alle pubbliche amministrazioni di cui all'articolo 1, comma 2, del decreto legislativo 30 marzo 2001, n. 165, nonché ad enti pubblici economici. Nei limiti complessivi della stessa quota l'Agenzia può avvalersi in posizione di comando di personale delle Forze di polizia ad ordinamento civile e militare con qualifica non dirigenziale fino a un massimo di 20 unità. Il predetto personale è posto in posizione di comando, distacco o fuori ruolo anche in deroga alla vigente normativa generale in materia di mobilità temporanea e nel rispetto di quanto previsto dall'articolo 17, comma 14, della legge 15 maggio 1997, n. 127, conservando lo stato giuridico e il trattamento economico fisso, continuativo ed accessorio, secondo quanto previsto dai rispettivi ordinamenti, con oneri a carico dell'amministrazione di appartenenza e successivo rimborso da parte dell'Agenzia all'amministrazione di appartenenza dei soli oneri relativi al trattamento accessorio. (⁴)

5. Il Direttore dell'Agenzia, previa delibera del Consiglio direttivo, può stipulare, nei limiti delle disponibilità finanziarie esistenti e nel rispetto dell'articolo 7, comma 6, del decreto legislativo 30 marzo 2001, n. 165, e successive modificazioni, contratti a tempo determinato per il conferimento di incarichi di particolare specializzazione in materia di gestioni aziendali e patrimoniali.

(1)   Articolo inserito dall' art. 1, comma 189, lett. h), L. 24 dicembre 2012, n. 228, a decorrere dal 1° gennaio 2013. Successivamente, il presente articolo è stato così sostituito dall' art. 29, comma 5, L. 17 ottobre 2017, n. 161, che ha sostituito l'originario articolo 113-bis con gli attuali articoli 113-bis e 113-ter.

(2)   Comma così modificato dall' art. 37, comma 3, lett. a), D.L. 4 ottobre 2018, n. 113, convertito, con modificazioni, dalla L. 1° dicembre 2018, n. 132, e, successivamente, dall' art. 1, comma 168, lett. a), L. 27 dicembre 2019, n. 160, a decorrere dal 1° gennaio 2020.

(3)   Comma inserito dall' art. 37, comma 3, lett. b), D.L. 4 ottobre 2018, n. 113, convertito, con modificazioni, dalla L. 1° dicembre 2018, n. 132.

(4)   Comma inserito dall' art. 37, comma 3, lett. c), D.L. 4 ottobre 2018, n. 113, convertito, con modificazioni, dalla L. 1° dicembre 2018, n. 132. (5) Comma così modificato dall' art. 1, comma 168, lett. b), L. 27 dicembre 2019, n. 160, a decorrere dal 1° gennaio 2020.

Art. 113-ter. Incarichi speciali (¹)

1.   In aggiunta al personale di cui all'articolo 113-bis, presso l'Agenzia e alle dirette dipendenze funzionali del Direttore può operare, in presenza di professionalità specifiche ed adeguate, nel limite delle risorse finanziarie disponibili a legislazione vigente, un contingente, fino al limite massimo di dieci unità, di personale con qualifica dirigenziale o equiparata, appartenente alle amministrazioni pubbliche di cui all'articolo 1, comma 2, del decreto legislativo 30 marzo 2001, n. 165, e successive modificazioni, alle Forze di polizia di cui all'articolo 16 della legge 1° aprile 1981, n. 121, nonché ad enti pubblici economici.

2.   Il personale di cui al comma 1, fatta eccezione per quello della carriera prefettizia che può essere collocato fuori ruolo, viene posto in posizione di comando o di distacco anche in deroga alla vigente normativa generale in materia di mobilità e nel rispetto di quanto previsto dall'articolo 17, comma 14, della legge 15 maggio 1997, n. 127.

adc LEGAL

3.   Il personale di cui al comma 1 conserva lo stato giuridico e il trattamento economico fisso, continuativo e accessorio, secondo quanto previsto dai rispettivi ordinamenti, con oneri a carico dell'amministrazione di appartenenza e successivo rimborso da parte dell'Agenzia all'amministrazione di appartenenza dei soli oneri relativi al trattamento accessorio. Per il personale appartenente alle Forze di polizia di cui all'articolo 16 della legge 1° aprile 1981, n. 121, si applica la disposizione di cui all'articolo 2, comma 91, della legge 24 dicembre 2007, n. 244.

(1) Articolo inserito dall' art. 29, comma 5, L. 17 ottobre 2017, n. 161, che ha sostituito l'originario articolo 113-bis con gli attuali articoli 113-bis e 113-ter.

Art. 114. Foro esclusivo

1.   Per tutte le controversie attribuite alla cognizione del giudice amministrativo derivanti dall'applicazione del presente titolo, la competenza è determinata ai sensi dell'articolo 135, comma 1, lettera p), del codice del processo amministrativo. (¹)

2.   All'Agenzia si applica l'articolo 1 del testo unico delle leggi e delle norme giuridiche sulla rappresentanza e difesa in giudizio dello Stato e sull'ordinamento dell'Avvocatura dello Stato di cui al regio decreto 30 ottobre 1933, n. 1611. (²)

(1)   Comma così sostituito dall'art. 3, comma 25-ter dell'Allegato 4 al D.Lgs. 2 luglio 2010, n. 104, come modificato dall'art. 1, comma 3, lett. a), n. 8), D.Lgs. 15 novembre 2011, n. 195.

(2)   Comma così sostituito dall' art. 7, comma 1, D.Lgs. 15 novembre 2012, n. 218.

LIBRO IV MODIFICHE AL CODICE PENALE, AL CODICE DI PROCEDURA PENALE E ALLA LEGISLAZIONE PENALE COMPLEMENTARE. ABROGAZIONI. DISPOSIZIONI TRANSITORIE E DI COORDINAMENTO

Art. 115. Modifiche all'articolo 23-bis della legge 13 settembre 1982, n. 646

1.   All'articolo 23-bis, comma 1, della legge 13 settembre 1982, n. 646, le parole: «territorialmente competente» sono sostituite dalle seguenti: «presso il tribunale del capoluogo del distretto ove dimora la persona».

Art. 116. Disposizioni di coordinamento

1.   Dalla data di entrata in vigore del presente decreto, i richiami alle disposizioni contenute nella legge 27 dicembre 1956, n. 1423, ovunque presenti, si intendono riferiti alle corrispondenti disposizioni contenute nel presente decreto.

2.   Dalla data di cui al comma 1, i richiami alle disposizioni contenute nella legge 31 maggio 1965, n. 575, ovunque presenti, si intendono riferiti alle corrispondenti disposizioni contenute nel presente decreto.

3.   Dalla data di cui al comma 1, i richiami alle disposizioni contenute negli articoli 1, 3 e 5 del decreto-legge 29 ottobre 1991, n. 345, convertito, con modificazioni, dalla legge 30 dicembre 1991, n. 410, ovunque presenti, si intendono riferiti alle corrispondenti disposizioni contenute nel presente decreto.

4.   Dalla data di entrata in vigore delle disposizioni del libro II, capi I, II, III e IV, i richiami agli articoli 4 e 5-bis del decreto legislativo 8 agosto 1994, n. 490 nonché quelli alle disposizioni contenute nel decreto del Presidente della Repubblica 3 giugno 1998, n. 252 e nel decreto del Presidente della Repubblica 2 agosto 2010, n. 150, ovunque presenti, si intendono riferiti alle corrispondenti disposizioni contenute nel presente decreto. (^{1})

(1) Comma così modificato dall' art. 8, comma 1, lett. d), D.Lgs. 15 novembre 2012, n. 218.

Art. 117. Disciplina transitoria

1. Le disposizioni contenute nel libro I non si applicano ai procedimenti nei quali, alla data di entrata in vigore del presente decreto, sia già stata formulata proposta di applicazione della misura di prevenzione. In tali casi, continuano ad applicarsi le norme previgenti.

[2. Nella fase di prima applicazione delle disposizioni del libro III, titolo II:

a)   la dotazione organica dell'Agenzia è determinata, con provvedimento del Direttore, in trenta unità, ripartite tra le varie qualifiche, ivi comprese quelle dirigenziali. Il personale proveniente dalle pubbliche amministrazioni, dalle Agenzie, dagli enti territoriali, è assegnato all'Agenzia, anche in posizione di comando o di distacco, secondo quanto previsto dai rispettivi ordinamenti, conservando lo stato giuridico e il trattamento economico in godimento con oneri a carico dell'amministrazione di appartenenza;

b)   il Direttore dell'Agenzia, nei limiti della dotazione organica, è autorizzato a stipulare contratti a tempo determinato, al fine di assicurare la piena operatività dell'Agenzia. (^{1})]

3.   Al fine di garantire il potenziamento dell'attività istituzionale e lo sviluppo organizzativo delle strutture, l'Agenzia, previa autorizzazione del Ministro dell'interno, di concerto con il Ministro dell'economia e delle finanze e con il Ministro per la pubblica amministrazione e l'innovazione, si avvale di personale proveniente dalle pubbliche amministrazioni, dalle Agenzie, compresa l'Agenzia del demanio, e dagli enti territoriali, assegnato all'Agenzia medesima anche in posizione di comando o di distacco, ove consentito dai rispettivi ordinamenti, ovvero stipula contratti di lavoro a tempo determinato, anche ricorrendo alle modalità di cui al

decreto legislativo 10 settembre 2003, n. 276. Tali rapporti di lavoro sono instaurati in deroga alle disposizioni dell'articolo 113-bis, commi 1, 2 e 3, nonché nei limiti stabiliti dall'autorizzazione di cui al primo periodo del presente comma e delle risorse assegnate all'Agenzia ai sensi del terzo periodo del presente comma, e non possono avere durata superiore al 31 dicembre 2012. Per tali fini, all'Agenzia sono assegnati 2 milioni di euro per l'anno 2011 e 4 milioni di euro per l'anno 2012. (^{2})

4.   A decorrere dalla nomina di cui all'articolo 111, comma 2, cessa l'attività del Commissario straordinario per la gestione e la destinazione dei beni confiscati ad organizzazioni criminali e vengono contestualmente trasferite le funzioni e le risorse strumentali e finanziarie già attribuite allo stesso Commissario, nonché, nell'ambito del contingente indicato al comma 1, lettera a), le risorse umane, che restano nella medesima posizione già occupata presso il Commissario. L'Agenzia subentra nelle convenzioni, nei protocolli e nei contratti di collaborazione stipulati dal Commissario straordinario. L'Agenzia, nei limiti degli stanziamenti di cui all'articolo 118, comma 1, può avvalersi di esperti e collaboratori esterni.

5.   Fino alla data di entrata in vigore del regolamento ovvero, quando più di uno, dell'ultimo dei regolamenti previsti dall'articolo 113, ai procedimenti di cui all'articolo 110, comma 2, continuano ad applicarsi le disposizioni vigenti anteriormente alla data di entrata in vigore del presente decreto. Le predette disposizioni si applicano anche ai procedimenti, di cui al medesimo articolo 110, comma 2, lettere b) e c), pendenti alla stessa data.

6.   Al fine di programmare l'assegnazione e la destinazione dei beni oggetto dei procedimenti di cui al comma 5, il giudice delegato ovvero il giudice che procede comunica tempestivamente all'Agenzia i dati relativi ai detti procedimenti e impartisce all'amministratore giudiziario le disposizioni necessarie. L'Agenzia può avanzare proposte al giudice per la migliore utilizzazione del bene ai fini della sua successiva destinazione.

7.   Qualora gli enti territoriali in cui ricadono i beni confiscati, alla data di entrata in vigore della legge di conversione del presente decreto, abbiano già presentato una manifestazione d'interesse al prefetto per le finalità di cui all'articolo 48, comma 3, lettera c), l'Agenzia procede alla definizione e al compimento del trasferimento di tali beni immobili a favore degli stessi enti richiedenti. Qualora non sia rilevata possibile la cessione dell'intera azienda e gli enti territoriali manifestino interesse all'assegnazione dei soli beni immobili

dell'azienda e ne facciano richiesta, l'Agenzia può procedere, valutati i profili occupazionali, alla liquidazione della stessa prevedendo l'estromissione dei beni immobili a favore degli stessi enti richiedenti. Le spese necessarie alla liquidazione dei beni aziendali residui rispetto all'estromissione dei beni immobili assegnati agli enti territoriali sono poste a carico degli stessi enti richiedenti. Qualora dalla liquidazione derivi un attivo, questo è versato direttamente allo Stato. 8. L'Agenzia può, altresì, disporre, con delibera del Consiglio direttivo, l'estromissione di singoli beni immobili dall'azienda confiscata non in liquidazione e il loro trasferimento al patrimonio degli enti territoriali che ne facciano richiesta, qualora si tratti di beni che gli enti territoriali medesimi già utilizzano a qualsiasi titolo per finalità istituzionali. La delibera del Consiglio direttivo è adottata fatti salvi i diritti dei creditori dell'azienda confiscata.

8-bis. L'Agenzia dispone altresì, ai sensi del comma 8 e nei limiti di cui all'articolo 48, comma 8-bis, l'estromissione e il trasferimento dei beni immobili aziendali, in via prioritaria, al patrimonio degli enti territoriali che abbiano sottoscritto con l'Agenzia o con pubbliche amministrazioni protocolli di intesa, accordi di programma ovvero analoghi atti idonei a disporre il trasferimento della proprietà degli stessi beni, con

efficacia decorrente dalla data indicata nei medesimi atti. (^{3})

(1)   Comma soppresso dall' art. 1, comma 189, lett. i), n. 1), L. 24 dicembre 2012, n. 228, a decorrere dal 1° gennaio 2013.
(2)   Comma così modificato dall' art. 1, comma 189, lett. i), n. 2), L. 24 dicembre 2012, n. 228, a decorrere dal 1° gennaio 2013.
(3)   Comma aggiunto dall' art. 7-septies, comma 1, lett. b), D.L. 29 dicembre 2016, n. 243, convertito, con modificazioni, dalla L. 27 febbraio 2017, n. 18.

Art. 118. Disposizioni finanziarie

1.   Alla copertura degli oneri derivanti dall'istituzione e dal funzionamento dell'Agenzia, ivi compresi quelli relativi alle spese di personale di cui all'articolo 117, commi 2 e 4, pari a 3,4 milioni di euro per l'anno 2010, pari a 4,2 milioni di euro per gli anni 2011 e 2012 e pari a 5,472 milioni di euro a decorrere dall'anno 2013, si provvede, quanto a 3,25 milioni di euro per l'anno 2010 e 4 milioni di euro, a decorrere dall'anno 2011 mediante corrispondente riduzione dello stanziamento del fondo speciale di parte corrente iscritto, ai fini del bilancio triennale 2010-2012, nell'ambito del programma «Fondi di riserva e speciali» della missione «Fondi da ripartire» dello stato di previsione del Ministero dell'economia e delle finanze per l'anno 2010, allo scopo parzialmente utilizzando l'accantonamento relativo al Ministero dell'interno, nonché quanto a 150 mila euro per l'anno 2010 e 200 mila euro a

decorrere dall'anno 2011, mediante corrispondente riduzione dell'autorizzazione di spesa di cui al decreto legislativo 30 luglio 1999, n. 303, come determinata dalla Tabella C della legge 23 dicembre 2009, n. 191 nonché per ulteriori 1,272 milioni di euro a decorrere dall'anno 2013 mediante corrispondente riduzione dell'autorizzazione di spesa recata dall'articolo 3, comma 151, della legge 24 dicembre 2003, n. 350. (¹)

2. Agli oneri derivanti dal potenziamento dell'attività istituzionale e dallo sviluppo organizzativo delle strutture ai sensi dell'articolo 117, comma 3, pari a 2 milioni di euro per l'anno 2011 e a 4 milioni di euro per l'anno 2012, si provvede mediante corrispondente riduzione dell'autorizzazione di spesa di cui all'articolo 10, comma 5, del decreto-legge 29 novembre 2004, n. 282, convertito, con modificazioni, dalla legge 27

dicembre 2004, n. 307, relativa al Fondo per interventi strutturali di politica economica. Il Ministro dell'economia e delle finanze è autorizzato ad apportare, con propri decreti, le occorrenti variazioni di bilancio.

3. All'attuazione delle disposizioni del titolo III, capo V, si provvede nei limiti delle risorse già destinate allo scopo a legislazione vigente nello stato di previsione del Ministero dell'interno.

3-bis. Al fine di assicurare la piena ed efficace realizzazione dei compiti affidati all'Agenzia le disposizioni di cui all'articolo 6, commi 7, 8, 9, 12 e 13 e 14, del decreto-legge 31 maggio 2010, n. 78, convertito, con modificazioni, dalla legge 30 luglio 2010, n. 122, di cui all'articolo 5, comma 2, del decreto-legge 6 luglio 2012, n. 95, convertito, con modificazioni, dalla legge 7 agosto 2012, n. 135, nonché di cui all'articolo 2, commi da 618 a 623, della legge 24 dicembre 2007, n. 244, non trovano applicazione nei confronti dell'Agenzia nazionale per l'amministrazione e la destinazione dei beni sequestrati e confiscati alla criminalità organizzata fino al terzo esercizio finanziario successivo all'adeguamento della dotazione organica di cui all'articolo 113-bis, comma 1. Allo scadere della deroga di cui al presente comma, entro 90 giorni, con decreto del Ministro dell'interno di concerto con il Ministro dell'economia e delle finanze su proposta dell'Agenzia vengono stabiliti i criteri specifici per l'applicazione delle norme derogate sulla base delle spese sostenute nel triennio.(²)

(1) Comma così modificato dall' art. 1, comma 189, lett. l), nn. 1) e 2), L. 24 dicembre 2012, n. 228, a decorrere dal 1° gennaio 2013.
(2) Comma aggiunto dall' art. 38, comma 1, D.L. 4 ottobre 2018, n. 113, convertito, con modificazioni, dalla L. 1° dicembre 2018, n. 132

(1) Comma così sostituito dall' art. 9, comma 1, lett. a), D.Lgs. 15 novembre 2012, n. 218.

Art. 120. Abrogazioni

1. Sono abrogate le seguenti disposizioni:

a)   legge 27 dicembre 1956, n. 1423;

b)   legge 31 maggio 1965, n. 575;

c)   decreto-legge 4 febbraio 2010, n. 4, convertito in legge 31 marzo 2010, n. 50;   d) articoli da 18 a 24 della legge 22 maggio 1975, n.

152;   e) articolo 16 della legge 13 settembre 1982, n. 646;

f) articoli da 2 ad 11, 13 e 15 della legge 3 agosto 1988, n. 327;   g) articolo 7-ter della legge 13 dicembre 1989, n. 401;

h)   articolo 34 della legge 19 marzo 1990, n. 55;

i)   articoli 1, 3 e 5 del decreto-legge 29 ottobre 1991, n. 345, convertito, con modificazioni, dalla legge 30   dicembre 1991, n. 410;

l) articoli 70-bis, 76-bis, 76-ter, 110-bis e 110-ter del regio decreto 30 gennaio 1941, n. 12.

2. A decorrere dalla data di cui all'articolo 119, comma 1, sono abrogate le seguenti disposizioni;

a)   decreto legislativo 8 agosto 1994, n. 490;

b)   decreto del Presidente della Repubblica 3 giugno 1998, n. 252;

c)   decreto del Presidente della Repubblica 2 agosto 2010, n. 150. (1)

Il presente decreto, munito del sigillo dello Stato, sarà inserito nella Raccolta ufficiale degli atti normativi della Repubblica italiana. È fatto obbligo a chiunque spetti di osservarlo e di farlo osservare.

(1) Comma così sostituito dall' art. 9, comma 1, lett. b), D.Lgs. 15 novembre 2012, n. 218.

CODICE ANTIMAFIA

I CODICI ADC

www.adc.legal